AF567603

Wolfgang Wegner

Karlsruhe

Karle mit de Gosch

Geschichten & Anekdoten

Bildnachweis
Titelbild, S. 37: Stadtarchiv Karlsruhe (Karlsruhe01_8_BA_Schlesiger_A57_146_1_32)
Wolfgang Wegner: 6, 18, 42, 44
Stadtarchiv Karlsruhe: S. 8 (8_BA_Schlesiger_A16_60_2_9), 49 (A3_25_5_29), 75 (A25_97_3_2);
Samuel Degen/durlach.org: 11, 26; wikicommons/Bundesarchiv, B145 Bild-F024483-0003/ Engelbert Reineke: S. 14; ullstein bild-Pierre Berger: S. 23; ullstein bild-slomifoto: S. 30; Hansi Nufer: S. 31; wikicommons/Kransekage1: S. 33; wikicommons/Körperklaus: S. 39; wikicommons/gemeinfrei: S. 40, 52; ullstein bild-Röhrbein: S. 58; Volker Dürr: 62; wikicommons/Dave Connor: S. 65; wikicommons/Alf van Beem: S. 67; wikicommons/4028mdk09 S. 69; wikicommons/Andrew34: S. 73; Harald Wacker: 78

Danksagung
Mein Dank gilt sowohl den privaten Bildgebern Samuel Degen, Volker Dürr, Hansi Nufer und Harald Wacker, als auch Horst Dietz für seine interessanten Geschichten und Anregungen. Ein besonderer Dank gilt Simone Dietz, die mir beim Schreiben dieses Buches wie immer eine wichtige Kritikerin, Ratgeberin und Stütze war.

1. Auflage 2023

Layout: Da Forma Agentur für Gestaltung, Gudensberg
Satz: Schneider Professionell Design, Schlüchtern-Elm
Druck: Rindt Druck, Fulda
Buchbinderische Verarbeitung: Buchbinderei S. R. Büge, Celle

34281 Gudensberg-Gleichen, Im Wiesental 1
Tel. 0 56 03 - 9 30 50   www.wartberg-verlag.de
ISBN 978-3-8313-3374-5

Inhalt

Vorwort

Liebe Leserinnen, liebe Leser,

was ist nicht alles passiert, seit unsere Stadt am Ende des Zweiten Weltkrieges mehr oder weniger in Schutt und Asche lag! Der raschen Beseitigung der Trümmer folgte ein ebenso rasanter Wiederaufbau. Heute erinnert man sich gerne an die „gute alte Zeit“ und unbeschwerte Kindertage mit Spielen und Raufen unter freiem Himmel, lebendigem Einzelhandel, blühendem kulturellen Leben und nicht zuletzt markigen Typen in Politik und öffentlichem Leben. Man denke nur an den hemdsärmeligen Oberbürgermeister Klotz oder den Hauptpost-Karle mit seinen lauten Kommentaren zum Zeitgeschehen. Vor allem waren die 1950er- bis 1980er-Jahre eine analoge Zeit, in der das reale Erleben im Vordergrund stand.
Ganz gleich, ob Sie in Erinnerungen schwelgen oder Neues entdecken möchten – ich wünsche Ihnen viel Spaß beim Lesen!

Wolfgang Wegner

Die Königin mit dem Cadillac

Jedes Mal, wenn sie durch die Straßen fuhr, reckten Passanten die Köpfe, drehten sich um und verfolgten den offenen, wuchtigen amerikanischen Straßenkreuzer mit ihren Blicken. Schnell zogen die gutbürgerlichen Hausfrauen ihre Ehemänner, die einfach nicht wegsehen wollten, vehement am Ärmel beiseite. Die Dame mit den vollen blonden Haaren am Steuer des Cadillacs war in den Augen badischer Ehefrauen keine wahrhafte Dame, sondern ein verruchtes Weib, von der eine nicht unerhebliche Gefahr für die Männer ausging. Sie war eine Königin ohne adlige Abstammung. Sie war die Königin des Rotlichts.

Die Erfolgsgeschichte der Margarete Reinhardt begann 1946, als sie nur mit einem Koffer persönlicher Gegenstände ins zerbombte Karlsruhe kam. So erzählte sie es gerne. Die Wahrheit sieht wohl ein bisschen anders aus. In Stuttgart hatte Margarete, die aus einem kleinen fränkischen Dorf stammte, schon jenes Gewerbe erlernt, mit dem sie in der damaligen Durlacher Straße, die heute Brunnenstraße heißt, ihren Lebensunterhalt verdiente. Selbst Gefängnisluft schnupperte sie in jener Zeit, wenn auch nur kurz.

Bald war genug Geld zusammengekommen, um den ersten Schritt in eine bessere Existenz zu wagen: In der Kapellenstraße stand eine Kneipe leer und wartete darauf, mit neuem Leben erfüllt zu werden. Der Vorbesitzer hatte die „Lokalbahn" aufgegeben, Margarete kaufte die Räume und 1954 leuchtete ein Neonschild über der komplett renovierten Gaststätte, die eigentlich keine mehr war. In der „Hawaii-Bar" entledigten sich junge Frauen auf der Bühne ihrer Kleidung – unerhört in jenen Jahren und für Karlsruhe eine absolute Novität. Die anderen

Gastronomen des „Dörfles" beäugten die neue Konkurrenz mit neidischen Blicken und schritten bald zur Tat: Das Männerparadies wurde mit der Aufschrift „Off limits" versehen und war, wie alle anderen Kneipen des Viertels, nun für die jungen, abenteuerlustigen Soldaten der US-Armee tabu.

Die Reinhardt zeigte erstmals ihr Talent, aus prekären Situationen als Gewinnerin hervorzugehen. Kurzerhand „freundete" sie sich mit dem amerikanischen Polizeikommandanten an und nach einem gemeinsamen Urlaub verschwand „Off limits" so schnell, wie es gekommen war.

Der Erfolg ging weiter. Zur „Hawaii-Bar“ kam 1957 der „Passage-Palast“ hinzu und wurde zu einer noch größeren Goldgrube. Das „Pa-Pa“, wie das Varieté im Volksmund genannt wurde, war kein billiger Strip-Schuppen, sondern ein Etablissement für Abendunterhaltung, die Ehepaare gemeinsam genießen konnten. Die Chefin thronte in einer Loge, aß ihr Leibgericht, breite Nudeln mit Zucker, und holte sich regelmäßig junge Männer an ihre Seite. Exotische Schlangen in großen Körben sorgten für extravaganten Grusel, ein Piccolo kostete sage und schreibe 100 Mark und wer nicht zahlen konnte, unterschrieb einen Schuldschein. Wurden die Schulden nicht fristgerecht beglichen, folgten die unangenehmen Besuche eines gewissen „Knochen-Peter“. Sein Name war Programm.
In jener Zeit des unaufhaltsamen Erfolgs traute sich Margarete einiges zu: Sie schrieb dem ehemaligen Bundeskanzler Konrad Adenauer und erhielt sogar Antwort aus dessen Domizil am Comer See. Und sie kaufte ein schlossähnliches Anwesen in Österreich – eine bis heute mysteriöse Geschichte.
Außerdem wurde Margarete Reinhardt zur Filmproduzentin, geboren aus einer Schnapsidee an der Bar des „Pa-Pa“. Am 22. Juni 1962 feierte der Streifen „Wiedersehen am blauen Meer“ Premiere. Hauptdarsteller war kein Geringerer als der beliebte ehemalige Ski-Olympiasieger Toni Sailer. Der Film ist heute zu Recht vergessen. Noch mehr gilt das für einen weiteren Streifen aus der Produktion der Margarete Reinhardt: „St. Pauli Herbertstraße“ aus dem Jahr 1965 steht am Beginn einer Reihe halbdokumentarischer Filme über den verruchten Hamburger Stadtteil. Diese und weitere Produktionen, in die Margarete Reinhardt insgesamt zwei Millionen Mark investierte, floppten allesamt. Der Stern der Rotlicht-Königin begann zu sinken.

Als der „Hawaii-Bar" die Lizenz entzogen wurde, ging es steil bergab. Ein kläglicher Versuch, Falschgeld zu drucken, endete vor Gericht mit einer 15-monatigen Haftstrafe, die die Königin jedoch dank ihrer Anwälte nicht antreten musste. Irgendwann stand der Cadillac mit platten Reifen am Straßenrand und eine zusehends verwahrloste Ex-Königin führte die Hündchen der leichten Mädchen in den nahen Park zum Beinchen-Heben aus. Die einstige Rotlicht-Königin starb einsam 1985.

Der „rote Turm"

Als „Mutter Karlsruhes" wird Durlach gerne bezeichnet, denn die im 12. Jahrhundert gegründete Stadt war vor dem Umzug ins neue Schloss die Residenz des badischen Markgrafen. Der Turm des Basler Tors ist der einzige noch erhaltene Teil der alten Stadtbefestigung und gilt als ein Symbol für die Geschichte Durlachs. Am 28. Mai 1969 aber erlangte er auf eine ganz andere Art überregionale Berühmtheit.

An jenem Tag steht die 18-jährige Bärbel gegen vier Uhr nachmittags mit ihren Freunden vor dem Durchgang des Tors und beobachtet das bedrohliche Geschehen auf der schmalen Straße vor ihnen. Neben ihr hat Heinz die Szene im Blick. Der Student ist zwei Jahre älter als Bärbel und gehört zu den erfahrenen „Kämpfern" mit Che-Guevara-Barett, die Abend für Abend die Turmbewohner auf die richtige politische Gesinnung eingeschworen haben. Im vergangenen November war Heinz sogar dabei, als vor dem Gebäude der „Badischen Neuesten Nachrichten" Zeitungen verbrannt wurden. Bärbel bewundert ihn für seine klare politische Haltung.

Um zu verstehen, wen oder was die beiden an jenem Tag im Blick hatten, müssen wir etwas ausholen. Seit 1958 hatte die „Deutsche Jungenschaft" das alte Gemäuer gemietet. Das war eine eher unpolitische Jugendorganisation, deren Wurzeln in die Pfadfinder- und Wandervogelbewegung der 1920er-Jahre zurückreichten. Die harmlose Clique benahm sich anständig und wurde daher kaum beachtet. Doch 1968 erklärte sie sich zu einem Teil der „Außerparlamentarischen Opposition", die gegen den aus ihrer Sicht bürgerlichen Mief und die Schatten der braunen Vergangenheit aufbegehrte. Und nun rumorte es im Durlacher Bürgertum. Schnell machten Gerüchte von den furchtbaren

Dingen die Runde, die sich im Turm zutragen sollten: Gruppensex und „kommunistische Indoktrination“. Eine ganz schlimme Verbindung!

Die Stadtverwaltung sah nun genauer hin und deren Maß war voll, als die Aktivisten den Turm am 28. März 1969 zum ersten „Antiautoritären Jugendheim der Bundesrepublik“ machten. In großen Buchstaben stand an der Wand: „Dieser Turm steht allen progressiven Jugendlichen offen.“ Minderjährige durften dort übernachten – eine Ungeheuerlichkeit! Als ob das noch nicht reichte, wurde als Zeichen der Revolution eine rote Fahne aus einem Fenster gehängt.

Mithilfe eines Matrizendruckers, das war damals eine Seltenheit, wurden Flugblätter vervielfältigt, und das unter einem an die Wand gepinselten Spruch, der angeblich von Mao Zedong stammen sollte und dazu aufrief, den Staatsfunktionären „permanent in den Arsch (zu) treten“. Oberbürgermeister Günther Klotz reichte es. Er erließ im April eine Verfügung zur unverzüglichen Räumung.

Und damit kehren wir zurück zu Bärbel und Heinz. Vor ihren Augen sind Einsatzfahrzeuge und ein Lautsprecherwagen aufgefahren. Der Text der städtischen Verfügung dröhnt blechern durch die Lautsprecher.

In der Gruppe aus ungefähr 50 Jugendlichen wird heftig diskutiert. Heinz und einige andere wollen den Turm verteidigen. Andere sind dafür, sich zurückzuziehen und ihre Diskussionen im Durlacher Schlosspark fortzusetzen. Zu ihnen gesellt sich Bärbel, die nun doch Angst davor hat, bestraft zu werden und sich dadurch vielleicht das Studium zu versauen. Während sich die Verteidiger auf der Treppe zum Turmeingang postieren, ziehen die Friedlichen durch das Tor in Richtung Weiherstraße, gefolgt von sechs hemdsärmeligen Polizisten mit aufgesetztem Helm.

Bärbel und ihre Mitstreiter müssen in Polizeibusse steigen und werden ins Polizeipräsidium gebracht.

Mittlerweile hat sich vor der Absperrung der Polizei allerlei Volk versammelt: brave schaulustige Durlacher Bürger, daneben junge Männer mit akkurat gescheiteltem Haar, die ihre rückwärts-

So wie hier waren alle Wände des Turms mit Parolen „verziert“.

gewandte Gesinnung kaum verbergen und wohl allzu gerne auf die „Roten“ losgegangen wären. So wie im April, als sie, angeführt von Landtagsabgeordneten der NPD, Fahnen von den Wänden des Turms gerissen hatten.

Die Verteidiger ziehen sich in den Turm zurück. Ihnen wird eine Frist bis zum Abend gesetzt, um das Gebäude zu räumen. Eine Stunde vor Ende des Ultimatums betritt Stadtrat Norbert Vöhringer den Basler Tor-Turm. Er möchte es nicht zu einer Konfrontation kommen lassen und die jungen Leute zur Aufgabe bewegen. Zu seiner Überraschung ist fast niemand da. Nur ein 16-Jähriger sitzt einsam auf einer Matratze. Wo sind die anderen? Erst später stellt sich heraus, dass die gar nicht mehr so mutigen „Freiheitskämpfer“ ihre Bastion durch eine kleine seitliche Öffnung an einer hinausgeworfenen Kette hangelnd verlassen hatten.

Am folgenden Tag wird der Turm durchsucht und anschließend zugemauert; das historische Bauwerk samt revolutionärer Parolen verfiel in einen Dornröschenschlaf. Erst 1992 wurden die Zeugnisse des Protests mit weißer Farbe überpinselt.

Ein Bundespräsident steigt ins Boot

Es war überhaupt kein Tag für festliche Aktivitäten im Freien. Nieselregen und kühle Temperaturen bestimmten den 14. April 1967. Die Männer in akkurat sitzenden grauen Anzügen sahen sich an: Er wird doch wohl nicht …?! Doch er wird. Bundespräsident Heinrich Lübke bestieg ein kleines, mit einer Art Baldachin überwölbtes Boot, das seine Erfinder auf den Namen „Gondoletta" getauft hatten. Höflich wie er war, ließ der oberste Repräsentant des Staates seiner Gemahlin den Vortritt. Oder war es kein Anstand, sondern bewusstes Kalkül, das aus der eigenen Unsicherheit resultierte? Wir Nachgeborenen wissen es nicht. Überliefert ist nur, dass Wilhelmine Lübke das schwankende Gefährt problemlos betreten hatte, als der Gatte ihr auf dem Fuße folgte. Den Sicherheitsbeamten blieb nichts anderes übrig, als es ihrem Chef kopfschüttelnd und mürrisch gleichzutun.

Wie kam es dazu? Erzählen sollten wir die Geschichte von Beginn an. 1962 erhielt Karlsruhe den Zuschlag für die Bundesgartenschau, jene Zurschaustellung des Gärtnerhandwerks und der Landschaftsarchitektur, mit der sich alle zwei Jahre eine andere Stadt schmücken darf, um Abertausende von Besuchern anzuziehen. Für Karlsruhe bot sich die Möglichkeit, der bundesweiten Öffentlichkeit die ehemalige Residenz als aufstrebende Großstadt zu präsentieren. Eine Parklandschaft sollte die ab 1957 errichteten Hochhäuser ergänzen, die zu jener Zeit als ultimatives Zeichen der Modernität galten.

Apropos Modernität: 1967 sollte ein Motel nach amerikanischem Vorbild den Hauch der großen weiten Welt in die Fächerstadt holen. Ein Hotelinvestor hatte sich ausbedungen, einen Bauplatz an einer Hauptverbindungsstraße zur Autobahn zu bekommen. Die Stadt willigte ein, aber die Idee zündete nicht wie

Die „Gondoletta“ der Bundesgartenschau in Aktion.

erhofft, und nach sechs Jahren kamen das Aus und der Abriss. Heute stehen an der Ettlinger Allee Terrassenhäuser.

Für die Bundesgartenschau konnte man auf Vorhandenem aufbauen und so wurden Schlossgarten und Zoo respektive Stadtgarten zu Keimzellen des Konzepts. Ohne lange zu fackeln legte man los und gründete kurzerhand 1966 ein Gartenbauamt, was es bis dahin in Karlsruhe nicht gab. Erster Chef wurde der junge Gartenbauarchitekt Robert Mürb, der seine Diplomarbeit über die Begrünung der Albufer geschrieben hatte. Der Mann kannte sich also aus und wurde in Personalunion neben technischem auch künstlerischer Leiter der Gartenschau. Mit so viel Einfluss ausgestattet, machte sich der ehrgeizige Mann daran, die Parkanlagen umzukrempeln.

Es gab jede Menge zu tun. Beim Schlossgarten herrschte wildes pflanzliches Durcheinander. Schlimmer noch sah der Schlossvorplatz aus, denn er war ganz im Sinne der 1960er-Jahre und der autofreundlichen Innenstadt zu einem großen Parkplatz gestaltet worden. Er musste weg! Die ebenfalls störende, den Schlossplatz tangierende Straße wurde kurzerhand unter die Erde verlegt. Und so ging es munter weiter. Der See hinter dem Schloss wurde vergrößert und um eine Bühne bereichert.

Eine besondere Attraktion wurde die Schlossgartenbahn, die mit vier farbigen Zügen die Besucher durch den Park chauffierte. Ihr Design orientierte sich an den damals modernen TEE-Zügen, die Front der Lokomotiven war an das Design des Porsche 356 angelehnt. Eigentlich sollte die Bahn nach dem Ende der Gartenschau wieder abgebaut werden, doch die Karlsruher Bevölkerung hatte das „Bähnle" zu sehr lieb gewonnen und protestierte, bis das Regierungspräsidium nach langen Verhandlungen endlich den Weiterbetrieb genehmigte.

Im Stadtgarten wurde das Unterste nach oben gekehrt. Der trennende Tiergartenweg wurde durch eine Brücke ersetzt, der Lauterberg verändert, eine Seebühne errichtet und für die Kleinen gab's Spielplatz und Streichelzoo.

Der zuständige Gartenbauarchitekt Robert Mürb machte sich nicht nur Freunde. Ihn störten die Gitter im Zoo, die die Sicht der Besucher auf die Tiere behinderten. Die mussten weg! Nur Gräben sollten die Besucher von den Tieren trennen, was dem ebenfalls neu eingesetzten Zoodirektor überhaupt nicht gefiel. Zu seinem Leidwesen wurden Mürbs Ideen umgesetzt. Bald bot sich dem frustrierten Mann die Gelegenheit, dem Selbstbewusstsein der Gartenschauenthusiasten einen gehörigen Dämpfer zu verpassen. So glaubte er jedenfalls.

Als Oberbürgermeister Klotz nach Essen reiste, um Werbung für

die Gartenschau in Karlsruhe zu machen, wollte er zwei prächtige Pfauen als Geschenk präsentieren, die imposant ihr Rad schlagen sollten. Der Zoodirektor schickte schelmisch zwei Jungvögel auf die Reise, die zu einem großen Pfauenrad noch gar nicht in der Lage waren. Allerdings hatte er die Rechnung ohne Günther Klotz gemacht. Als der OB nämlich erkannte, was geschehen war, erfand er kurzerhand eine neue Gattung. Bei dem Pfau, berichtete er den staunenden Beobachtern, handle es sich um eine wilde Rasse, wie sie nur im Schwarzwald unterhalb des Feldbergs vorkomme. Das Publikum nahm die kleine Flunkerei für bare Münze, niemand fragte nach, und am folgenden Tag stand die Geschichte in allen Zeitungen des Ruhrgebiets.
Kommen wir zurück zum Besuch des Bundespräsidenten. Zum Glück hatte Robert Mürb tags zuvor die Tour geprüft, die das Staatsoberhaupt nehmen sollte, und dabei die unschönen Gartenabfälle und Müllsäcke bemerkt, die von den letzten Arbeiten übrig geblieben waren. Die Zeit reichte, um Ordnung zu schaffen, und Heinrich Lübke sah daher auf seiner Besichtigungsrunde im Schlossgarten ein farbenfrohes Blumenmeer.
Bei der Ankunft des Präsidenten auf dem Festplatz warteten Schulklassen mit bunten Fähnchen, sein Blick fiel bewundernd auf den Panorama-Aussichtsturm mit einer sich drehenden, 83 Meter hinauf- und wieder hinunterfahrenden Kabine, und auch der Japangarten, den ein eigens aus Tokio eingeflogener, waschechter Shinto-Priester eingeweiht hatte, verfehlte seine beeindruckende Wirkung nicht.
6,3 Millionen Besucher zählte man bis zum 23. Oktober, als die Bundesgartenschau ihre Pforten schloss. Das waren mehr als zuvor in Hamburg und Essen. Manche Besucher erinnern sich zwar, an einem Tag mehrmals gezählt worden zu sein, doch ein Schelm, wer Böses dabei denkt.

Mittagessen bei Schneider – wo sonst?!

Die Stadt schlief noch. Ludwig kam es so vor, als wäre er der Einzige zwischen Neureut und Rüppurr, der um diese Zeit das Haus verlassen musste. Er schwang sich auf sein Rad und radelte mit kräftigen Tritten gen Innenstadt. Er war mal wieder spät dran. Seine Kollegen waren sicher schon angekommen und der Chef de Partie, dem er heute zugeteilt war, sah sicher bald kritisch auf die Uhr.

Der 15-jährige Ludwig war Lehrling, wie man damals einen Auszubildenden nannte, im Restaurant des Kaufhaus Schneider. Die Karlsruher Filiale des 1892 von Anton Schneider in Ettlingen gegründeten Warenhauses war 1944 bei einem Luftangriff komplett zerstört und nach dem Krieg von Schneiders Söhnen Wilhelm und Eugen zunächst wieder notdürftig aufgebaut worden. Es folgte 1956 ein kompletter Neubau, der nach etwas mehr als zehn Jahren nicht mehr den Ansprüchen der Chefs entsprach. Das Kaufhaus wurde umgebaut und erweitert, wobei die Fassade für Aufsehen sorgte. Der berühmte Volksmund fand schnell einen Namen: „goldener Würfel“. Im fünften und sechsten Stockwerk befand sich das Restaurant, dessen Fensterfront und Terrasse auf Karl- und Kaiserstraße hinausgingen.

Ludwig erreichte das Kaufhaus und stellte seinen Drahtesel im „Fahrradstall“ in der Akademiestraße ab. An der Rückseite des Gebäudes befanden sich das Lager und die „Hühnerstation“. Hier wurden die halben Hähnchen mit Essig gebeizt, gewürzt und vorgegrillt. Bei Bestellung wurde der Gockel schnell frittiert, um die Haut besonders kross werden zu lassen. Ludwig hatte am Tag zuvor zusammen mit Bernd, einem weiteren Lehrling, eigenhändig 800 Fleischküchle geformt, die zu den Rennern auf der Speisekarte gehörten. Auch Rindsrouladen waren sehr beliebt – und natürlich die absolute Nummer 1: Schnitzel mit Pommes.

1200 Essen gingen jeden Tag zwischen 12 und 14 Uhr aus der Küche raus und damit 300 mehr als bei der Konkurrenz vom Brauhaus Monninger gegenüber. Darauf war das ganze Team besonders stolz. Jede dieser Bestellungen wurde an der Schnittstelle zwischen Restaurant und Küche von der Annonceuse resolut und mit lauter Stimme verkündet. Die Bons, die sie von den Servicekräften bekam, pinnte sie an eine Wand, die nicht

mehr war als ein selbst gebasteltes Brett mit eingeschlagenen Nägeln.
Den Begriff „Convenience“ für vorgefertigte, meist in großen Plastikeimern oder Kanistern gelieferten Fertigprodukte kannte man damals im Restaurant Schneider nicht, alles war Handarbeit. Selbst die Pommes. Am Abend zuvor wurden die Kartoffeln geschält und mit speziellen Schneidmaschinen in die beliebten Stifte zerteilt. Anschließend wurden die Pommes blanchiert und in drei großen Metzgerwannen über Nacht ins Kühlhaus gestellt.
Ludwigs Aufgabe bestand an jenem Freitag darin, die Seezunge Colbert und die Sauce dazu vorzubereiten. Diese Art, den Fisch zuzubereiten, kennt heute kaum noch jemand, aber Ludwig erinnert sich gut daran. Die enthäutete Seezunge wurde auf einer Seite eingeschnitten und dann rechts und links des Mittelgrats nach außen filetiert, ohne die Filets herauszulösen. Anschließend wurde der Fisch mit Salz und weißem Pfeffer gewürzt, mit etwas Milch gerieben und paniert. Daraufhin rollte man die Filets nach außen, sodass die Seezunge wie ein kleines Boot aussah. Nach dem Frittieren wurden Mittelgrad und kleinere Gräten herausgenommen und der Rest mit Colbert-Butter gefüllt. Das Besondere dieser Butter, die Tage im Voraus hergestellt und gekühlt werden musste, waren Estragon, Zitronensaft und Glace de viande.
Um halb neun betrat Anneliese das Kaufhaus Schneider. Ihr Ziel war jedoch nicht das Restaurant, sondern die ebenfalls legendäre Fischabteilung im Untergeschoss, in der sogar einmal ein kompletter Hai in der Auslage die staunenden Besucher in seinen Bann gezogen hatte. Die größte Auswahl an Meeresgetier gab es am Freitag, wenn die Nachfrage am stärksten war. Die Kunden standen Schlange, oft 20 Personen oder mehr. Filets und ganze Fische wurden über die Ladentheke gereicht. Beliebt

waren Kabeljau, Goldbarsch und Köhler, der nach wie vor am günstigsten ist. Heute kennen wir ihn unter dem Namen Seelachs.

Als Ludwig mit der Butterzubereitung fast fertig war, ertönte aus einem anderen Teil der großen Küche ein gewaltiger Aufschrei, gefolgt von mehrstimmigem Fluchen. Ludwig beeilte sich, die Butter in dem großen Kühlschrank zu deponieren, um nachsehen zu können, was geschehen war. Er musste nicht weit laufen, denn um die Ecke der großen Herdfläche, die das Zentrum der Küche bildete, floss ihm etwas Braunes entgegen, worin würfelgroße Brocken schwammen.

Sofort war Ludwig klar, dass ihm gerade das wohlschmeckende Ergebnis der Arbeit seiner Kollegen entgegenschwappte. Von der Gulaschsuppe wurden jeden Tag 200 Liter in einem Kipper zubereitet, wie man die großen, schwenk- und fahrbaren Bräter nannte, um am folgenden Tag die hungrigen Gäste des Mittagstischs zufriedenzustellen. Die Achse des Kochgeräts war gebrochen und das Malheur durch keine Hand mehr aufzuhalten gewesen. An diesem Freitag gab es also keine Gulaschsuppe.

Wenn Ludwig Feierabend hatte, würde auch das Warenhaus bald schließen. Geöffnet blieb nur die Snackbar im obersten Stock. In vornehmerem Ambiente konnten Grillfleisch, Salate, edle Weine und Biere aus großer Auswahl genossen werden. Der Weg hinauf führte außen über einen Fahrstuhl, in dem ein Liftboy die Gäste nach oben chauffierte – aber erst, nachdem er per Haustelefon nachgefragt hatte, ob ausreichend freie Plätze vorhanden waren.

Mit der heutigen Kaufhaus- oder Möbelhaus-Selbstbedienungsverköstigung hatten das – übrigens namenlose – Restaurant im Kaufhaus Schneider und seine Küche wenig zu tun. Doch auch darüber ist die Zeit hinweggegangen.

Raufen, kicken, springen

„Was machen wir jetzt?“, fragte Ines und sah ihre Freunde der Reihe nach an. Karin, Manfred und Rolf lümmelten sich im Gras des Schlossparks und betrachteten die kleinen Wölkchen am ansonsten blauen Sommerhimmel.

„Wir geh’n in den Bunker und gucken, ob wir noch was finden!“ Manfred war gleich begeistert von seinem Gedanken, rieb sich kurz die mit Schorf bedeckten Knie und sprang auf. Bei einem seiner letzten Ausflüge in die Ruinen des vergangenen Krieges war er gestolpert und hatte sich beide Knie aufgeschlagen. Aber weder die Schmerzen noch die Schimpftiraden seines Vaters konnten ihn davon abhalten, wieder auf Entdeckungstour zu gehen.

„Nein, das trau ich mich nicht“, nölte Ines und Karin schloss sich mit einem Nicken an.

„Na, dann bleibt ihr Mädels draußen und macht Seilhüpfen“, schlug Rolf mit einem Grinsen vor.

Gesagt, getan. Während Karin und Ines in die Karl-Wilhelm-Straße zurückgingen, wo alle vier ihr Zuhause hatten, machten sich die Jungs auf zum Fasanengarten. Direkt an der Straße lag ein Bunker, der den Krieg ziemlich unbeschädigt überstanden hatte.

Ja, man musste uns Kinder nicht von Bildschirmen weg auf die Straße jagen. Es gab keine elektronische Ablenkung und das Spielen im Freien, auf Straßen oder in den Höfen gehörte zum normalen Stadtbild. Drinnen spielten wir nur, wenn es gar nicht anders ging, z. B. am Sonntag, bei sehr schlechtem Wetter, oder wenn wir krank waren. Drinnen musste man sich meistens alleine beschäftigen. Unser Motto lautete: Wir gehen nach draußen! Zugegeben, Jungen und Mädchen spielten zumeist getrennt;

die Rollenklischees waren halt allgegenwärtig. Für Jungs wie Manfred waren die Straßen, brachliegenden Flächen und Ruinen eine Welt der Freiheit, weit weg von strengen Lehrern und ermahnenden Müttern. Zwischen den Häusern erlebten wir die Schluchten des wilden Kurdistans, die amerikanische Prärie oder arabische Wüste. Karl Mays Romane lieferten die Vorlagen und wir würzten unser Spiel mit einem Schuss Pfadfinderromantik. Grenzen setzten nur die Essenzeiten, und selbst die wurden mangels Uhren häufig vergessen.

Die Eltern wussten selten, wo wir Buben gerade herumstromerten. Plätze, die verboten waren, lockten umso mehr. Angst kannte man als junger Held nicht, oder nur sehr wenig, denn wir hatten Pfeil und Bogen, Speer oder Steinschleuder griffbereit. So stöberten Manfred und Rolf in dem kalten, feuchten Bunker nach etwas, das die Schutzsuchenden des Krieges vergessen hatten. Sie fanden Gewehrmunition, fast verkohlte Papiere und einmal sogar eine voll funktionsfähige Taschenlampe, die einst einem Soldaten gehört haben musste.

Wenn es mal kein Abenteuer sein sollte, wetteiferten wir Jungen beim „Kellerlöchles“, wer am besten einen Ball in ein leeres Kellerfenster kicken konnte. Jeder Spieler hatte ein eigenes „Kellerlöchle“, musste es verteidigen und gleichzeitig versuchen, den Ball zu erobern und selbst ein Tor zu schießen.

Auch „Einerle“, „Fünferle“ und „Zehnerle“ war mehr etwas für die Jungs. Pfennigstücke mit gleichem Wert wurden von der Bordsteinkante aus an die Hauswand geworfen. Wer mit seiner Münze am nächsten dran war, durfte alle Geldstücke auf seinem Handrücken stapeln. Der Stapel musste hochgeworfen und wieder gefangen werden. Manchmal machte man guten Gewinn, jedoch ging man leer aus, wenn man nicht schnell und geschickt genug war.

Überflutete Rinnsteine wurden beim Spielen zu Flüssen und Meeren.

Die Mädchen malten mit bunter Kreide das Spielfeld für „Himmel und Hölle“ auf Gehweg oder Straße: acht eckige Felder, ganz unten die „Erde“, dann die Felder 1 bis 5 und am oberen Ende zunächst die „Hölle“, dann der „Himmel“ als letztes Feld. Die erste Spielerin warf ein Steinchen ins Feld „Erde“. Dann durfte sie hineinhüpfen und beim Landen das Steinchen gleich mit den Füßen ins nächste Feld, also Nummer 1, stoßen. Kullerte das Steinchen aber aus dem Feld heraus oder gar in die „Hölle“, war eine Mitspielerin dran. Das Gleiche galt auch, wenn das Steinchen außerhalb des anvisierten Felds landete oder ins falsche Feld gehüpft wurde.

In den 60ern kam der Gummitwist dazu, benannt nach dem beliebten Modetanz. Als Gummiband diente meist ein einfacher, drei Meter langer Hosengummi, der zusammengeknotet und um die Füße zweier Mitspielerinnen gespannt und gedehnt wurde. Sie standen sich gegenüber. Das dritte Mädchen hüpfte nach

genau festgelegten Regeln vor, auf oder zwischen das Gummiband. Bei einem Fehler war die nächste an der Reihe.
Von Jahr zu Jahr nahm der Verkehr zu und immer öfter musste man beim Seilspringen oder Kicken hupenden Autos Platz machen. Als alle Straßen asphaltiert waren, war die Zeit vorbei, in der man mit Gummistiefeln in Pfützen herumstampfen konnte und Rinnsale zu reißenden Strömen wurden, auf denen man sein Papierschiffchen aussetzte.
Die Älteren zog es im Sommer nach der Schule oder an den Wochenenden ans Rheinufer. Im „Rappele", dem Rheinstrandbad, konnte man bis Mitte der 70er in einem sichelförmigen Naturbecken mit Rheinwasser und Sandstrand baden. Oder man nutzte gleich die Pontons, die zwischen den Buhnen in den Strom gebaut worden waren. Wer sich sportlich betätigen wollte, spielte Ringtennis auf einem der zehn dafür angelegten Plätze. Den kleinen Hunger oder großen Durst konnte man am Milchhäusle stillen.
Sicher wird vieles im Rückblick romantisiert und doch waren es unbeschwerte, entschleunigte Zeiten. Freizeitstress kam erst auf, als die Flimmerkiste nach drinnen lockte, denn man wollte ja keine Folge „Daktari" verpassen.

Verführen zum Lesen

Wer Bücher liebt, wird von ihnen magisch angezogen, gleich ob als Leser oder Autor oder gar beides in Personalunion. Abseits vom Glamour und Kommerz großer Buchmessen ließen sich in den 1980er-Jahren, also in jener Zeit, in der literarische Größen wie Heinrich Böll, Günther Grass oder Martin Walser die öffentlichen Debatten belebten, wertvolle Perlen im fast Verborgenen entdecken. Autoren, die nicht weniger literarisch, nicht weniger politisch und schon gar nicht weniger aufmüpfig waren als die berühmen Kollegen. Eine solche Perle konnte der Suchende oder einfach nur zufällig Vorbeistolpernde jedes Jahr im Durlacher Rathausgewölbe anlässlich des Weihnachtsmarktes finden.

Hinter einem kleinen Büchertisch saß eine markante Erscheinung: Ein imposanter Bart, der an den Philosophen Friedrich Nietzsche erinnerte, betonte markante Gesichtszüge, in die sich das Leben eingeprägt hatte. Die schwarze Baskenmütze auf dem Kopf erinnerte an Heinrich Böll. Schnell kam man mit dem sympathischen Herrn ins Gespräch, der für die Druckwerke verantwortlich zeichnete, und nicht selten fiel der Satz, der wie das Credo seines Lebens klang: „Ich hatte jahrelang Zeit, das Lesen zu lernen.“

Zwei Zeilen aus einem Lied von Hans Harz, dem norddeutschen Barden mit der Reibeisenstimme, kommen einem in den Sinn:

„Er versuchte zu vergessen, was damals geschah,
als für ein paar Sekunden etwas in ihm anders war.“

So ähnlich könnte sich Kuno Bärenbold gefühlt haben, der im idyllischen Überlingen aufwuchs und nach der Volksschule eine Lehre als Zimmermann begann. Bis hierhin klingt das nach einer Biografie wie von Tausenden anderen. Kunos Zeit aber war sehr von Alkohol und Kartenspiel geprägt. Das war eine Mischung, die ihm zum Verhängnis wurde. In einem tragischen Moment muss „etwas in ihm anders gewesen“ und eine Sicherung herausgesprungen sein. Wir kennen den Zeitpunkt heute ebenso wenig wie die genauen Umstände. Fest steht, dass, als Kuno wieder klar denken konnte, seine Freundin nicht mehr am Leben war. Wegen Totschlags saß er acht Jahre im Heilbronner Gefängnis. Hinter den dicken Mauern und vergitterten Fenstern kam es für Kuno Bärenbold zu einer glücklichen Fügung. Ein Mithäftling animierte ihn, Bücher zu lesen. Kuno begann nicht mit Krimis oder dem Schmökern von Heinz G. Konsalik, sondern gleich mit schwerer Kost. Er verschlang die Werke von Franz Kafka und Berthold Brecht. Seit dieser prägenden Erfahrung hörte Kuno Bärenbold Zeit seines Lebens nicht mehr auf, Bücher zu lesen.

Kuno Bärenbold bei einer Lesung.

Der lesende Häftling begann sogar mit dem Schreiben. Für die Gefangenenzeitung „ZU“ verfasste er einen Artikel über die Langeweile zwischen Gründonnerstag und Ostermontag. Der Gefängnisdirektor war über den Inhalt ganz und gar nicht erfreut und schäumte. Doch für Kuno Bärenbold wurde die heftige Kritik an seinem Text zur Offenbarung. Nunmehr wusste er, was Worte bewirken können. Zu dem eifrigen Leser gesellte sich ein eifriger, unbequemer Schreiber, dessen Themen die Menschen am Rand der Gesellschaft waren: Prostituierte, verwahrloste Drogenabhängige, einsame Obdachlose, verachtete Klofrauen und Ex-Knackis, wie er selber einer war. Seine Texte kommen ohne jeden Schnörkel aus, sind speziell und stilistisch schwer einzuordnen. Oft bleiben es Momentaufnahmen mit unverhofftem Ende.

Die „Verführung zum Lesen“ war Kuno Bärenbolds Credo. „Lest doch, ihr Flaschen!“ ist auf einer Karikatur zu lesen, die den Mann mit der Baskenmütze zeigt, wie er einen zweirädrigen Karren mit gestapelten Büchern zieht. Und tatsächlich zog es ihn regelmäßig in Schulen, Jugendzentren, Gefängnisse, Büchereien und Kulturkneipen, wo er bei Lesungen jenen Menschen begegnete, die er mit Worten zum Guten verführen wollte.

Am 6. Mai 2008 war das Herz des unermüdlichen Lesers und Schreibers des Schlagens müde. Kuno Bärenbold starb mit 61 Jahren und mit ihm ein markanter Leuchtturm der regionalen Literaturszene.

Der Grieche

Im trüben November 1972 öffnete sich die Tür zu einem Lokal an der Ecke Ettlinger- und Winterstraße. Ein Mann steckte den Kopf hinein, sah, dass in der Mitte ein Tisch frei war, und nahm zusammen mit seinen Begleitern Platz. Der Mann mit der markanten Stimme war quasi auf der Durchreise und hatte gerade einen öffentlichen Auftritt hinter sich. Jetzt wollte er etwas essen und entspannen.

Der Mann war kein Geringerer als Willy Brandt, Kanzler der Bundesrepublik, und das Lokal hieß „El Greco". Wirt Christoforos Stefanidis erinnerte sich Jahrzehnte später in einem Radiobeitrag an die Begegnung mit dem beliebten Regierungschef. Brandt habe essen wollen, was auch die anderen Gäste des Restaurants gegessen hätten. Keine Sonderwünsche. Und so speiste der Bundeskanzler Gyros mit Zaziki und Pommes.

Warum Willy Brandt ein griechisches und kein deutsches Lokal gewählt hat, mag Zufall sein oder der Solidarität mit Griechenland geschuldet gewesen sein, das damals unter einer Militärdiktatur ächzte. Oder es lag einfach daran, dass 1972 griechische Restaurants nicht häufig zu finden und damit etwas Besonderes waren.

Der Wirt Christoforos war in einem Waisenhaus aufgewachsen. Nach einer Zimmermannslehre entstand der Wunsch, nach Brasilien auszuwandern. Der Beamte im Auswandererbüro betrachtete den jungen Mann und meinte lapidar, dass nach Brasilien nur Griechen einwandern dürften, die größer als 1 Meter 75 seien. Christoforos verstand. Er war zwar 1 Meter 78 groß, doch er hatte kein Geld, den Beamten zu bestechen. Deutschland war ohne Handgeld erreichbar, also kam Christoforos nach Stuttgart und malochte bei Bosch. Harte Arbeit und Glück am Spieltisch brachten eine erkleckliche Summe Geldes, mit der Christoforos ein Restaurant eröffnen wollte. Nachdem die große Hürde, als Ausländer eine Konzession zu bekommen, gemeistert und dem angehenden Gastronomen zu Ohren gekommen war, dass eine Brauerei einen Pächter für das „Café am Zoo" in Karlsruhe suchte, gab es kein Halten mehr. 1970 wurde „El Greco" eröffnet.

Die Karlsruher beäugten das neue gastronomische Angebot zunächst skeptisch. An Pizza und Pasta hatte sie sich bereits gewöhnt, aber was bitteschön waren Gyros, Mousaka, Zaziki und Ouzo? Christoforos reagierte klug und bot eine gemischte Karte, auf der weniger experimentierfreudige Gäste ein paniertes Schnitzel finden konnten. Die Ausstattung war bescheiden. Vor einer viereckigen Theke standen vierzehn Holztische, aber auf den Servietten prangte das stolze Konterfei Alexanders des Großen. Am Herd stand Christoforos' Frau, von deren Künsten Sohn Alexis bis heute schwärmt.

In den 1970er-Jahren wurde „El Greco" zum Lokal der Karlsruher Linken, zu denen sich auch der Wirt zählte. Jeden Abend ging er von Tisch zu Tisch, setzte sich zu den Gästen, plauderte mit ihnen oder verwickelte sie in eine politische Diskussion. Und so saß er auch mit drei jungen Leuten zusammen, die zum Ende des Jahrzehnts schreckliche Schlagzeilen machen sollten: Susanne Albrecht, Peter-Jürgen Book und Christian Klar, führende Köpfe der „Roten Armee Fraktion". Stefanidis erinnerte sich später besonders gut an Christian Klar, der damals in der Stadt wohnte, und an das breite Badisch, das er gesprochen habe. Klar sei ein aufgeschlossener, sympathischer junger Mann gewesen, und umso schockierter war Stefanidis, als er in den Nachrichten hörte, dass derselbe junge Mann des Attentats auf Siegfried Buback mitverdächtigt wurde.

1978 lief der Pachtvertrag der Brauerei mit den Hauseigentümern aus und „El Greco“ musste schließen. Christoforos Stefanidis bekam ein neues Angebot: das „Badenia“ in der Augartenstraße. Das Lokal befand sich im Erdgeschoss eines einzeln stehenden zweistöckigen Gebäudes, die Küche lag darüber. Das war alles andere als ideal, aber immerhin gab es eine Wohnung für die Pächter. Das neue Lokal bekam den Namen „Alexis Zorbas“ und hatte lehmfarbene Wände, auf die griechische Götter- und Heldenfiguren gemalt waren.

Willy Brandt aß Gyros mit Zaziki und Pommes im legendären El Greco.

Im „Alexis Zorbas“ wurde im Januar 1980 sogar ein kleines bisschen Geschichte geschrieben, als eine Gruppe junger Leute in Jeans, Latzhosen, Strickpulli und anderen alternativen Klamotten und mit bester Laune hereinplatzte. In der nahen Stadthalle hatten sie gerade aus einer „sonstigen politischen Vereinigung“ eine Partei gemacht: „Die Grünen“. Nicht durch Vorstadtstraßen, wie im bekannten Schlager von Udo Jürgens, sondern durch die Straßen der Südstadt waren Joschka Fischer, Petra Kelly, Jürgen Trittin und andere gezogen und hatten Licht in der Kneipe gesehen. Bis in die Morgenstunden feierten sie mit dem Wirt, und der Schlager „Griechischer Wein“ wird wohl mehr als einmal durch die Boxen gedröhnt sein.

Der nächste Standortwechsel kam 1982. Von der Südstadt ging es an den Rand der Innenstadt, an den Berliner Platz. „Der Grieche“, wie das Restaurant nun hieß, blieb ein Anziehungspunkt für die Prominenz, darunter Nana Mouskouri und Gregor Gysi. Bei alledem war das Publikum gemischter als je zuvor. Studenten und Professoren der Uni neben Mitarbeitern des nahen Bundesverfassungsgerichts mischten sich mit zwielichtigen Typen aus dem „Dörfle“, die nicht selten mit Tänzerinnen aus den euphemistisch „Tanzlokale“ genannten Etablissements zum Essen kamen.

Um die Jahrtausendwende lief es immer schlechter. Zum einen machte die Konkurrenz von mehr und mehr griechischen Lokalen und türkischen Döner-Imbissen dem Geschäft zu schaffen, zum anderen belasteten private Probleme die Familie. 2009 entschloss sich Christoforos Stefanidis, den „Griechen“ zu schließen. Ein großes Kapitel Karlsruher Gastronomiegeschichte ging zu Ende.

Das „Dörfle" muss weg!

Manchmal kommt es nur auf die Perspektive an. Aus der Sicht des Lokalpolitikers oder Stadtplaners sind die teils windschiefen Häuser und engen Hinterhöfe lediglich heruntergekommene Quartiere vergangener Zeit, die dem Aufstreben der modernen Stadt im Wege stehen. Richtet man jedoch in einem jener Hinterhöfe den Blick nach oben in einen blauen Sommerhimmel, sieht die bunte Wäsche an den Leinen, die quer von Haus zu Haus gespannt sind, und hört das Juchzen und Kreischen spielender Kinder, fühlt man sich in mediterrane Gefilde versetzt.

Doch wir sind nicht in Neapel oder Marseille, sondern im Dörfle, ehemals Wohnviertel der Tagelöhner und einfachen Bediensteten am Markgräflichen Hof. Anfang der 1960er-Jahre lebten die Menschen nach wie vor unter schlechten hygienischen Verhältnissen in engen, dunklen Wohnungen, die oft nur aus einem Zimmer und einer Küche bestanden und nicht selten auf zwei Etagen verteilt waren, vom Gemeinschaftsabort ganz zu schweigen. Oberbürgermeister Günther Klotz drückte es einmal drastisch aus: Das Dörfle habe, „wie man im Ausland sagt, den Charakter von Slums".

Nein, schön war das Dörfle sicherlich nicht, das vor seiner Eingemeindung 1812 offiziell Klein-Karlsruhe hieß. Und was das gesamte Viertel in Verruf brachte, waren die leichten Mädchen in der Entengasse, die alle nur „Rue de la Quack Quack" nannten, und zwielichtige Gestalten in düsteren Kneipen. Zwar machten sie nur einen kleinen Teil des Altstadtlebens aus, aber alle Bewohnerinnen und Bewohner mussten bei der Suche nach Lehr- oder Arbeitsstelle gegen dieses Stigma ankämpfen.

Tauchen wir mit der Kamera der „Abendschau" im Mai 1960 in die kleinen Gassen des Dörfles ein. Wir sehen Kinder, die im

Das Dörfle im 19. Jahrhundert.

Gerümpel nach Altmetall und anderen verkäuflichen Dingen suchen, um sich das Geld für eine Kinokarte zu verdienen oder etwas zur Haushaltskasse der Familie beizutragen. Hier lebten die, die das Wirtschaftswunder einfach vergessen hatte. Außerdem Handwerker wie Alfred Jester mit dem sympathischen Schreibfehler im Schild seiner „Mahsanfertigung von Damenbekleidung" oder kleine Läden und Dienstleistungen wie „Heißmangel, Gardinen-Spannerei Schwarzenhölzer".

Vielen Menschen war die Altstadt als Heimat ans Herz gewachsen und sie sahen ein, dass eine Sanierung notwendig war. Mit dem Wunsch nach schöneren, hellen Wohnungen ging die Angst einher, die höheren Mieten nicht mehr bezahlen zu können.

Eigentlich waren sich alle einig: Es musste etwas getan werden. Über das „Wie" war man durchaus geteilter Meinung. In bester Nachkriegsmanier rückten die Bagger an und schufen nicht nur mit der heutigen Fritz-Erler-Straße einen gezielten „Durchbruch", sondern ein riesiges Areal kompletten Kahlschlags. Kritiker ersetzten den ersten Buchstaben der Sanierung, da „Altstadt-Planierung“ ihrer Meinung nach viel besser passte. Ohne Rücksicht auf Verluste fiel manch architektonisches Kleinod der Abrissbirne zum Opfer, wie jenes Jugendstil-Wohnhaus mit Zwiebelturm, das einst u. a. das Polizeirevier der Altstadt beherbergte und nur „Karlsruher Kreml“ genannt wurde.

Man hatte hochfliegende Pläne. Ein riesiges Einkaufszentrum, Eislaufhalle, Thermalbad und Bowling-Bahn sollten entstehen und die Massen anlocken. Statt Höhenflug gab es eine veritable Bruchlandung. Die Investoren blieben fern und so wurde die Fläche, die aus der Luft betrachtet wie eine offene Wunde wirkte, viele Jahre lang als überdimensionierter kostenloser Parkplatz genutzt.

Rund 6000 Menschen mussten das Dörfle verlassen und erhielten neue Wohnungen in Oberreut, Rintheim und Durlach. Alle Besitzer von Immobilien, die sich weigerten zu verkaufen, wurden enteignet. Alle? Nein, nicht alle. Die Metzgerei Nägele in der Zähringerstraße war das kleine gallische Dorf im Dörfle. Der Metzgermeister wehrte sich erfolgreich gegen die Stadt und gab erst 2012 sein Geschäft auf.

Die missglückte Sanierungsgeschichte endete letztlich etwas versöhnlich. Im Osten wurde die Altstadt nur punktuell saniert und behielt ihren ursprünglichen Charakter größtenteils bei. Westlich des „Durchbruchs“ setzte vor allem der Architekt und Universitätsprofessor Gernot Kramer mit innovativen Gebäudekonzepten und der Brücke „Ponte rosso“ mit aufgesetztem Restaurant neue städtebauliche Akzente.

Hauptpost-Karle

Lassen Sie uns vor Beginn dieser Geschichte einen kleinen gedanklichen Ausflug in die Hauptstadt des Vereinigten Königsreichs machen. Im Londoner Hyde-Park gibt es seit 1872 einen Platz, der unter dem Namen „Speaker's Corner" bekannt ist. Dort darf jeder ohne Anmeldung zu einem beliebigen Thema sprechen – frei und unzensiert. Ein Stück gelebter Demokratie. In Karlsruhe ließ jahrelang ein Mann das Areal zwischen Hauptpost und Moninger-Gaststätte zu einer Art „Speaker's Corner" werden, auch wenn nur er allein seine Reden schwang.

„Ach ja, der Hauptpost-Karle!" So oder ähnlich lauten die Reaktionen auf die Frage, ob man sich an jenes Original erinnert. Er war zwar nicht besonders groß, aber eine markante Erscheinung. Eine kräftige Nase und ein breiter Mund gaben seinem Gesicht einen unverwechselbaren Charakter. Karle war unzweifelhaft kein „Penner". Das ergraute, glatte Haar war kurz geschnitten und zumeist akkurat gekämmt, seine Kleidung wirkte stets gepflegt. Manchmal trug er grauen Anzug, Hemd und Fliege, dann wieder eine schwarze Lederjacke, aber auch darunter Hemd und Krawatte. Er wurde sogar in marineblauer Regenjacke gesehen, was gut zur schwarzen Elblotsenmütze passte, die an Helmut Schmidt erinnert. Mit dem Bundeskanzler fühlte sich Karle offenbar verbunden. „Ich bin der Sohn von Helmut Schmidt", soll er mitunter gerufen haben, was wohl eher eine politisch-geistige denn familiäre Verwandtschaft andeuten sollte.

Für viele Schulkinder war er ein richtiges Unterhaltungsprogramm, wenn sie aus der Bahn stiegen und Karle oder Charlie, wie sie ihn nannten, zur Höchstform auflief. Meist begann er mit seiner markanten Stimme in normalem Sprechtempo, dann hob sich langsam die Stimmlage und die Worte wurden durch ausla-

Der Hauptpost-Karle war zu Lebzeiten bekannt wie ein bunter Hund. Und nie zu überhören …

dende Gestik begleitet. Der Hauptpost-Karle war nicht zu überhören! In seinen Reden nahm er sich vor allem das politische Geschehen und seine Akteure in Deutschland vor, machte aber auch vor gewichtigen Weltereignissen nicht Halt.

Nicht alle Passanten fanden das außergewöhnliche Schauspiel toll, einige gruselten sich vor dem Mann, von dem sie annahmen, er sei permanent betrunken gewesen. Ja, was den Alkoholkonsum des Redners betrifft, scheiden sich die Geister ein wenig, doch bösartig oder aggressiv hat niemand den Karle in Erinnerung.

Wer war dieser Mann und war Karle sein richtiger Name? Wir werden es wohl nie erfahren, denn kein Versuch, sich seiner Person zu nähern, lässt sich wirklich belegen. Dem Akzent nach zu urteilen kam er aus dem Norden, womöglich aus Hamburg; dazu würde die Mütze gut passen. Einmal soll er in der Straßenbahn Richtung Durlach beim Passieren der Eisenbahnbrücke am Messplatz gerufen haben: „Da oben, das ist der Highway

nach New York! Zuerst kommst nach Bremerhaven!“ Mag sein, dass er New York kannte, vielleicht entsprang der Ruf einer Sehnsucht nach der alten norddeutschen Heimat. Sicherlich war Karle kein ehemaliger renommierter Anwalt, wie ein Gerücht behauptet. Er sei im Krieg verschüttet worden – auch dies ist gelegentlich zu hören. Höchstwahrscheinlich wird ein Schicksalsschlag ihn aus der Bahn geworfen haben, denn eine gewisse Bildung war hinter seinen Worten zu erahnen. Was er sagte, war nicht selten gewählt ausgedrückt.
Wer auch immer er war, behalten wir den Hauptpost-Karle in guter Erinnerung und lassen wir ihn in Frieden ruhen.

Der nackte Mann

„Am Wildparkstadion steht ein nackter Mann."

Was ist das? Eine Meldung im Polizeifunk über einen Exhibitionisten, der seine männliche Schönheit am Adenauerring den Vorbeifahrenden darbietet? Oder ein Nackter, der sich anschickt, während eines Spiels des KSC über den Rasen zu flitzen, zur Belustigung der Zuschauer und zum Ärgernis der Ordner und Spieler, die versuchen, ihn einzufangen? Keines von beidem, kann man beruhigend antworten, die Zeit der nackten Flitzer ist ohnehin lange vorbei.

Unser nackter Mann ist harmlos, weil in Beton gegossen. Und sein eigentlicher Name lautet „Nackter Sportler". Ende der 1950er-Jahre entstand die Skulptur und sorgte für wesentlich mehr Aufsehen als heute. Erstens weil ein nackter Körper in der Öffentlichkeit so gar nicht zur prüden Adenauer-Ära passte, zum anderen, weil sein Schöpfer etwas Ähnliches bereits in der dunklen Zeit deutscher Geschichte produziert hatte. Der Bildhauer Emil Sutor, der sich zunächst der kirchlichen Kunst verschrieben hatte, modellierte nach seinem Eintritt in die NSDAP viele helden- und kriegsverherrlichende Figuren. Nach dem Krieg vollzog Sutor eine Rolle rückwärts und fertigte harmlose Kirchenkunst sowie Skulpturen mit reduzierter Körperlichkeit. Bekannt wurde er 1958 durch das „Bambi", den bekannten Film- und Fernsehpreis im Auftrag des Burda-Verlages.

Als Sutor 1958/59 den „Nackten Sportler" modellierte, dachte er nicht an Fußballspiele, sondern an Leichtathletik-Veranstaltungen im neu gebauten Wildpark-Stadion, mit dessen Architekten Erich Schelling er befreundet war. Der damals 27-jährige Sportstudent Georg Kenntner, der später einmal Direktor des Sportinstituts der Universität werden sollte, und

sein Kommilitone Hans Weber standen Modell. Die Verbindung zum Fußball entstand, als der Karlsruher Sportclub 1960 das Kunstwerk geschenkt bekam.
Aus dem „Nackten Sportler“ wurde im Volksmund schnell der „Nackte Mann“. Viele nannten die Figur später auch „Schlotter-Beck“ als Ehrerbietung an Heinz Beck, den legendären Mittelstürmer des Sportclubs, der bis 1961 insgesamt 114 Tore erzielte.

Der nackte Mann 2006.

Apropos 1961. Am 23. Juni wäre unser nackter Mann sicher lieber innerhalb des Stadions gewesen, um jenem Spektakel beizuwohnen, dass sich auf dem Rasen abspielte. Der Karlsruher Sportclub hatte den FC Santos zu Gast. Der Club aus der Hafenstadt im brasilianischen Bundesstaat São Paulo war auf Europatournee, um seine Kasse aufzubessern. Das alleine wäre ja nichts Besonderes gewesen. Aber in der Mannschaft aus Südamerika spielte ein 20 Jahre junger Mann, der drei Jahre zuvor bei der Weltmeisterschaft in Schweden für Furore gesorgt hatte. Sein Künstlername: Pelé. Sage und schreibe 14 Tore sahen die Zuschauer bei diesem Freundschaftsspiel, acht durch den FC Santos, von denen drei durch Pelé erzielt wurden, und sechs durch den KSC. Die Badener konnten mit dem Gegner, dessen Elf mit mehreren Weltmeistern gespickt war, bestens mithalten, besser als zuvor die italienischen Spitzenclubs. Der Jubel umspielte auch den

Gegen die Stars aus Brasilien machte der KSC eine gute Figur.

„Nackten Mann“ und hätte ihn sicher zum Hüpfen gebracht, wenn er es denn gekonnt hätte.
Abgase, Witterung und böse Fans eines verfeindeten Fußballvereins setzten der einstmals weißen, nun grau gewordenen Figur im Laufe der Zeit schwer zu. Da kam es gerade recht, das der „Nackte Mann“ im Zuge des Stadionumbaus seinen Platz räumen musste. Steinmetz Bernhard Binder aus Kuppenheim bekam die Figur unter seine Fittiche. Schicht für Schicht wurden in seiner Werkstatt Verschmutzungen und Farbschmierereien abgetragen, kleine Beschädigungen ausgebessert und Risse geglättet. Nun steht der „Nackte Mann“ wieder in seinem ursprünglichen Zustand an seinem angestammten Platz.
Der Ursprung der Figur ist wohl zu Recht vergessen, sein Name ist geblieben. Und immer noch hören Kinder die klare Anweisung von Papa oder Mama: „Wenn wir uns verlieren, treffen wir uns beim nackten Mann!“ Schließlich können die Kurzen im Gewusel der Fußball-Fans leicht von den Eltern getrennt werden. Und selbst wenn sie nicht wissen, wo der gebuchte Sitzplatz ist, den markanten Mann draußen am Eingang finden sie auf jeden Fall. Aber nicht nur für Kinder, auch für Menschen aller anderen Altersklassen ist der „Nackte Mann“ zu einem Treffpunkt geworden.

Trümmerregen

Manchmal schreibt das Leben Geschichten, die genauso schrecklich wie glücklich sind. Eine solche Geschichte beginnt etwas außerhalb der Karlsruher Stadtgrenze. Dort, wo heute Menschen gut gelaunt und voller Vorfreude in einen Flieger Richtung Süden steigen, kletterten am 18. April 1990 zwei Piloten der kanadischen Luftwaffe in ihre Düsenjets des Typs CF-

Vom Unglück ist dieser Baum bis heute gezeichnet.

18. Die Kampfjäger hatten eine recht seltsame Eigenheit. Um schlechter erkannt zu werden, hatte die Lackierung zwei verschiedenen Grautöne und auf ihre Unterseite war ein zweites Cockpit gemalt. Das sollte beim Feind Verwirrung stiften, aber es waren die beiden Piloten, die wohl in einem entscheidenden Moment dieser Täuschung erlagen.
An einem frühlingshaften Tag kurz nach Ostern hatten die kanadischen Piloten den Auftrag, in 7000 Metern Höhe einen Nahkampf zu üben. In der Zeit des Kalten Krieges war es alltäglich, dass voll ausgerüstete Kampfflugzeuge über Städten, Fabriken und Kraftwerken unterwegs waren. In Söllingen starteten Tag für Tag dreißig Maschinen zu solchen Übungen.
Für die Menschen war der Fluglärm also nichts Außergewöhnliches. Die Mitarbeiterinnen und Mitarbeiter in einem Bürogebäude der Firma Siemens an der Bannwaldallee achteten nicht mehr darauf. Kurz vor 16 Uhr dachten ohnehin viele bereits an den nahen Feierabend, in einer Viertelstunde würden mehrere Hundert von ihnen zu ihren Autos auf dem Parkplatz gehen.
Zur gleichen Zeit simulierten die beiden kanadischen Piloten einen heftigen Luftkampf. Drei Flugmanöver hatten sie bereits absolviert, beim vierten sollten sie nahe aneinander vorbeifliegen. Plötzlich bemerkte der 35-jährige Reginald D., dass seine Maschine auf Kollisionskurs war. Er zog den Vogel nach oben. Fatalerweise tat es ihm sein Kollege, der fünf Jahre jüngere Timothy K., gleich. In diesen Sekunden könnte der Tarnanstrich einen der beiden Flieger irritiert haben, vielleicht war es aber auch die Überforderung durch die vielen Daten aus dem Bordcomputer einerseits und die hohe Geschwindigkeit andererseits. „Beschleunigungskollaps“ wurde dieser Zustand in Pilotenkreisen genannt.

Beim Zusammenstoß, der am Boden als heftiger Knall wahrgenommen wurde, brach Timothy K.s Jet in zwei Teile. Sein Schleudersitz samt Fallschirm funktionierte offenbar nicht. Er stürzte nahe dem Vincentius-Krankenhaus auf den Asphalt. Wenige Hundert Meter entfernt krachten die Teile des auseinandergerissenen Sitzes zuerst auf ein Dach, dann auf die Straße. Reginald D. konnte sich dagegen mit dem Fallschirm retten, landete an der Ausfahrt Durlach auf dem Grünstreifen der Autobahn und verletzte sich lediglich am Fuß. Er überlebte ein weiteres Mal, als ihn ein Auto fast überfuhr.
In der Bannwaldallee machte sich großes Entsetzen breit. Auf dem Parkplatz waren meterhohe Flammen zu sehen, es roch nach Kerosin und verbranntem Gummi. Kaum 50 Meter vom

Die Menschen im damaligen Siemens-Gebäude entkamen nur knapp der Katastrophe.

Gebäude entfernt hat das brennende Heckteil eines der Jets mehrere Autos unter sich begraben.
Hektik und Panik auch in der Südstadt, wo Hunderte Trümmerteile vom Himmel regneten. Ein fast zwei Meter großes Teil einer Tragfläche schlug auf dem Dach des Vierordtbades ein, auf dem Gelände einer Tankstelle an der Rüppurrer Straße hat ein Triebwerk nur wenige Meter neben der Zapfsäule das Dach eines Autos zertrümmert.
Die Polizei zog das gesamte Personal des Marktplatz-Reviers zusammen. Es galt Menschen zu beruhigen, Einschlagstellen der Trümmer zu sichern und mitzuhelfen, Verletzte zu versorgen. Zu diesem frühen Zeitpunkt gab es keinen Überblick über die Zahl der Opfer.
In der Bannwaldallee rückte zunächst die Feuerwehr an und löschte den Brand. Bald wimmelte es von Uniformen, Feldjäger sperrten die Absturzstelle ab, die zum militärischen Sperrgebiet erklärt wurde. Französische und amerikanische Militärangehörige vergewisserten sich, dass keine eigene Maschine betroffen war, dann rückte die kanadische Militärpolizei per Hubschrauber an. Das Wrack wurde mit Klebstoff besprüht, um die gefährlichen Carbonfasern zu binden, Geräte wurden ausgebaut und wohl auch Munition geborgen, die zum Glück nicht explodiert war.
Glück hatten ebenfalls die Bisons im Tierpark Oberwald. Direkt neben ihrem Gehege setzte ein herabgestürztes Fahrwerk den Laubwald in Brand. Bevor sich ein großer Waldbrand entwickeln konnte, hatte die Feuerwehr die Lage im Griff, die Bisons beruhigten sich wieder und grasten weiter, als wäre nichts geschehen.
In den Stunden nach dem Zusammenprall wurde mehr und mehr deutlich, dass Karlsruhe einer Katastrophe entgangen ist. Timothy K. war als einziges Todesopfer zu beklagen. Obwohl an

insgesamt 250 Stellen Trümmerteile zu Boden fielen, wurden zwar 140 Autos und 98 Häuser beschädigt, doch zum Glück nur zwei Personen verletzt.

Es muss wohl in der menschlichen Natur liegen, dass der Angst die Neugier folgt. Zahllose Schaulustige fanden sich bei den Einschlagstellen der metallenen und elektronischen Trümmerteile ein. Die Polizei warnte eindringlich davor, ein Teil auch nur anzufassen, denn lange Zeit war nicht klar, ob die Flugzeuge Munition an Bord hatten und wenn ja welche. Immer wieder mussten Kinder und unbelehrbare Erwachsene hinter die Absperrungen zurückgescheucht werden. Die Frage darf also erlaubt sein, ob so manch ein Teil als Souvenir in Taschen verschwunden und bis heute makabre Zierde eines Regals ist. Für die Menschen aber, die knapp dem eigenen Tod entronnen sind, ist der 17. April 1990 ein Glückstag, ja gar zu einem zweiten Geburtstag geworden.

Schweißtreibende Stäffele

Man sagt, ein Grundstein für das „Wunder von Bern" sei in Karlsruhe gelegt worden, genauer gesagt auf dem Durlacher Turmberg, noch genauer auf den 528 Stufen der Treppe zum Berg hinauf, im Volksmund als „Hexenstäffele" bekannt. Ist der sensationelle Gewinn der Fußballweltmeisterschaft durch die deutsche Mannschaft 1954 tatsächlich teilweise ein Karlsruher Verdienst?

Beginnen wir mit der Spurensuche. Horst Eckel, einer der „Helden von Bern", gab in einem Interview auf die Frage, wie man sich vorbereitet habe, eine recht lapidare Antwort: „Wir haben uns vor dem Turnier in der Sportschule Grünwald getroffen. Dort haben wir ganz normal trainiert."

Also doch nicht Karlsruhe? Tatsächlich traf sich der endgültige Kader am 24. Mai in der Sportschule München-Grünwald. Es wurden Blessuren aus der vergangenen Saison behandelt, Kondition aufgebaut und vor allem ein Gefühl der Zusammengehörigkeit gebildet. Nach Hause zurückgekehrt, erreichte die 22 Auserwählten am 2. Juni ein Brief mit der frohen Botschaft.

„Liebe Sportkameraden!

Wir freuen uns Ihnen mitteilen zu können, daß Sie zum Kreis der Spieler gehören, die den Deutschen Fußball-Bund in der Weltmeisterschaft in der Schweiz vertreten sollen. Für diese Reise in die Schweiz geben wir Ihnen nachfolgend alle erforderlichen Einzelheiten bekannt, die wir genau zu beachten bitten. Wir hoffen gerne, daß wir Sie bei guter Gesundheit und wohl vorbereitet auf die kommenden Aufgaben am Mittwoch, den 09.06.1954, in der Sportschule Schöneck erwarten dürfen, und verbleiben mit sportlichen Grüßen!"

Also doch Karlsruhe! Am 9. Juni, es war ein Mittwoch, versammelte sich die deutsche WM-Mannschaft und erhielt als Erstes das maßgeschneiderte Team-Outfit ausgehändigt: graue Hose, grünes Sakko, Hemd, Krawatte, Schuhe und ein Hut, auf den damals kein eleganter Herr verzichtete. Hinzu kamen ebenfalls maßgefertigte Trainingsanzüge, Laufschuhe, Trikots und weitere Teile der Ausrüstung. Der Tag endete mit leichtem Konditionstraining.

Und was ist denn nun mit den Treppen?

Die Anekdote erzählt, Sepp Herberger habe seine Jungs die Treppen rauf und runter laufen lassen und ihnen so noch mehr spielentscheidende Kondition verpasst. Nachweisen können wir diese Trainingseinheiten nicht. Aber warum sollte der Bundestrainer nicht auf die gleiche Idee gekommen sein wie so manch ein Durlacher Sportlehrer, der seine Schüler über die Stäffele jagte?

Sicher sind wir aber wieder beim Ende des kurzen Karlsruher Besuchs. Am Freitag, dem 11. Juni 1954, stand die Rückreise an. Als die Mannschaft mit dem Bus die Sportschule verließ, überquerte ein Durlacher Schornsteinfeger in voller Montur die Straße. Das Leitungsteam der Sportschule soll die Aktion beauftragt haben, um Spielern und Trainern Glück für das große Turnier zu bringen.

Um 11 Uhr 38 rollten Mannschaft und Betreuer in einem Sonderabteil des planmäßigen D-Zuges „Rheinblitz“ aus dem Karlsruher Hauptbahnhof. Zuvor hatten sie samt Gepäck für ein Foto posiert, auf dem im Hintergrund auf einem Schild groß und breit der Name „Kaloderma“ zu lesen war. Zur Irritation vieler Zugreisender übrigens, wie die Geschichte einer Karlsruherin belegt. Sie hatte Anfang der 1950er-Jahre im Zug einen sympathischen amerikanischen Soldaten kennengelernt, der gerne mit ihr in Kontakt bleiben wollte. Sie gab ihm ihre Adresse und er versprach, bald eine Karte zu schreiben. Doch er konnte auf dem

Die Herberger-Elf wartet auf den Zug in die Schweiz.

Schmierzettel nur Straße und Hausnummer lesen. Zu ärgerlich! Schließlich erinnerte er sich daran, das Schild am Bahnsteig gelesen zu haben, und adressierte die Karte an Kaloderma. Man lese und staune, die Post kam an! Die Karlsruher Seifenfirma Wolff & Sohn hatte sich die Werbeschilder ausgedacht und – beabsichtigt oder nicht – dafür gesorgt, dass der Hauptbahnhof in den 1950er- und 1960er-Jahren als „Haltepunkt Kaloderma“ verspottet wurde.

Zurück zur Nationalmannschaft und ihrer Reise zur Weltmeisterschaft. Einer war nicht mit im Zug, sondern nahm das Auto in Richtung Schweiz. Sein Gepäck wäre auch viel zu groß und schwer gewesen, denn er transportierte die nagelneuen Fußballschuhe für die gesamte Elf. Die Rede ist von Adi Dassler, dem Gründer und Chef von Adidas. Seine Erfindung sollte bald Furore machen: Schuhe mit Stollen, die man wechseln konnte, indem man sie heraus- und hereinschraubte. Als es im WM-Fi-

nale regnete, wurde der Boden unangenehm rutschig. Dassler schraubte in der Halbzeit längere Stollen unter die Schuhe und die Spieler hatten wieder Halt.
Zum Gewinn der Weltmeisterschaft trugen sicher viele Faktoren bei. Der Aufenthalt auf dem Turmberg und die gute Stimmung, die dort herrschte, war sicher einer davon.

Fußballweltmeisterschaft 1954.

Wir gehen ins Kino!

Mit jeder Minute steigerte sich Inges Aufregung ein wenig mehr. Immer wieder tastete sie in der linken Tasche ihres Mantels nach den kleinen Karten aus Pappe, die sie bereits vor Wochen gekauft hatte. Mit ihrer besten Freundin Anke ist sie vor dem „Universum“ verabredet, wo an diesem Tag die Deutschlandpremiere eines Films auf dem Programm steht. Doch es war nicht der Film an sich, der Inge so in Wallung brachte, sondern der Darsteller der Titelrolle in „Winnetou und sein Freund Old Firehand“. Pierre Brice hatte sein Kommen angekündigt, für die schwärmenden Herrn begleitet von Marie Versini, die ein weiteres Mal in die Rolle von Winnetous Schwester Nscho-tschi geschlüpft war. Damals gab es noch richtige Filmpremieren in Karlsruhe!

Bereits am Nachmittag wurden die Gäste aus der Filmwelt – auch Regisseur Jörg Marquart war gekommen – im Rathaus empfangen. Zur Überraschung aller erschien Oberbürgermeister Klotz mit einem Federschmuck, der ihm bei einem USA-Besuch überreicht worden war. Heute wohl ebenso undenkbar wie der Hinweis des Stadtoberhaupts, er habe vor, die folgende Stadtratssitzung so fair wie Winnetou zu leiten. Dessen Darsteller verspätete sich allerdings so sehr, dass er erst zur Vorführung im „Universum“ dabei sein konnte. Er zeigte sich neben den anderen vor der Leinwand, winkte ins Publikum, nahm Blumen entgegen und entschwand. Das spätere Abendessen fand in geschlossener Gesellschaft statt.

Man ging in den 50er- und 60er-Jahren gerne ins Kino, es musste nicht unbedingt eine Erstaufführung sein. Wer erinnert sich nicht an den ersten Besuch in einem Lichtspielhaus, Sonntagnachmittag und zusammen mit Mama und Papa. Da kam man aus dem Staunen nicht mehr heraus. Es ging nicht in ein Schachtelkino wie heute. Nein, es gab sie noch, die riesigen Säle. Rund um die Hauptpost bildeten in den 1950er-Jahren vier Großkinos mit 800 und mehr Zuschauerplätzen einen zentralen Anziehungspunkt für die Kinogänger: „Luxor“, „Kamera“, „Kurbel“ und als größtes der vier das „Universum“, das 1000 Filmfreunden Platz bot. Weitere Kinopaläste waren das „Rheingold“ in Mühlburg und die „Schauburg“ in der Südstadt, die ebenfalls 1000 Besucher aufnehmen konnte. Heute reibt man sich die Augen angesichts jener Dimensionen und man fragt sich, ob die Hallen des Filmgenusses jemals voll waren. Sie waren! Einer der Kassenschlager jener Zeit, die Heimatschnulze „Grün ist die Heide“, wurde in der „Schauburg“ drei Wochen lang gezeigt und von 75 000 Menschen gesehen. Die Rechnung ist einfach, bei täglich 3500 Zuschauern war jede Vorstellung ausverkauft.

Aber nicht nur die Größe war beeindruckend. Die meist purpurfarbenen Samtvorhänge vor den Leinwänden, mit Taschenlampen ausgerüstete Platzanweiserinnen, die die Besucher zu den Plätzen führten, und ein Programm, das mehr war als nur ein

Der noch ganz junge Pierre Brice.

Film. Oft lief ein Vorfilm und in den 50ern die Wochenschau in Schwarz-Weiß. Vor dem Hauptfilm schloss sich der Vorhang, die Lichter gingen an, und eine Eisverkäuferin mit Bauchladen oder einem kleinen Wägelchen bot eine kühle Erfrischung an. Seltsam, aber in der Erinnerung waren es ausschließlich Frauen, die den gesamten Service im Kino übernahmen. Den Projektor bediente, dem damaligen Rollenverständnis nach zu urteilen, wahrscheinlich ein Mann.
Über den Eingängen der Lichtspielhäuser prangten überdimensionale, von Künstlerhand exklusiv gemalte Werbebilder. Ja, für den Streifen „Die Mühle im Schwarzwäldertal" wurde 1958 an der Fassade der „Palastlichtspiele" in der Herrenstraße gar ein sich wahrhaftig drehendes Mühlrad in das Bild eingebaut. Heute begehrte Sammlerstücke sind die farbigen und illustrierten Programmhefte, mit deren Lektüre man sich auf den Film einstellen und die man als Erinnerungsstück mit nach Hause nehmen konnte.
Ins Kino zu gehen war ein Erlebnis, bei dem es nicht immer auf den Film ankam. Das „Pali", wie die „Palastlichtspiele" von den Kinoliebhabern genannt wurden, lockte mit den samtüberzogenen Sesseln in den Parkett-Logen, in denen man mit der oder dem Liebsten kuscheln und schmusen konnte – gemütlich und ausgiebig. So manches Pärchen bekam das Ende des Films vor lauter Enthusiasmus gar nicht mit und wurde von der Platzanweiserin mehr oder wenig freundlich hinauskomplementiert.
Nicht alle Kinos zeigten die ganze Breite des aktuellen Angebots, kleinere Häuser suchten sich eine Nische, wie das „Rex" in der Kaiserstraße, das sich zu einem erfolgreichen Programmkino entwickelte, und das fast nebenan gelegene „Atlantik", das die Freunde von Abenteuer- und Westernfilmen anzog, bis sich beide Häuser einem schmuddeligen Genre zuwandten. Und so

konnte es passieren, dass der Filius den Papa auf dem Weg von der Oststadt oder Durlach in ein Kino der Innenstadt beim Passieren des „Atlantik“ lautstark in der Straßenbahn fragte, ob das ihr Ziel sei. Die halbe Bahn lachte, Papa errötete und der Nachwuchs verstand nicht, was eigentlich los war.

Von Durlach musste man ja in der guten alten Kinozeit nicht unbedingt in die Stadt fahren. Inge und Emil Müller betrieben in dem Stadtteil ein kleines Kino-Imperium.

Emil Müller war ein Pionier der Karlsruher Nachkriegs-Kinolandschaft. Als Assistent der Inhaberin Emy Kasper trug er maßgeblich zum Erfolg der „Palastlichtspiele“ bei, was ihm den Spitznamen „Pali-Müller“ eintrug. Er heiratete Inge, die Tochter Emy Kaspers, und mit ihr zusammen verließ er das „Pali“ und verlegte seine Kinogeschäfte nach Durlach. Mit der Zeit übernahm das Ehepaar alle vier Kinos im Stadtteil unter dem Turmberg: Neben „Roxy“ und „Scala“ gehörten ihnen das „Markgrafen-Theater“ und das „Kammer-Lichtspieltheater“. In Zeiten von Kohleheizung, Platzanweisung und großen, schweren Filmrollen war das eine große Herausforderung, die die beiden mit Bravour meisterten. Da sie versuchten, in allen ihrer Häuser präsent zu sein, hasteten sie jeder für sich von Kino zu Kino. Oft begegneten sie sich dabei auf der Straße und tauschten schnell Neuigkeiten aus. Lange konnten sie der Konkurrenz moderner Kinopaläste standhalten, aber 1980 flimmerten letztmals Bilder über Durlacher Leinwände.

Mit dem Siegeszug der heimischen Mattscheibe verschwanden nach und nach viele Lichtspielhäuser alten Stils, aber die Erinnerungen an sie und die schönen Stunden, die man vor ihren Leinwänden verbracht hat, vergehen nicht.

Ballermann in Karlsruhe

Was hat eine Flasche Ballentines-Whiskey mit einer Curry-Wurst zu tun? Auf den schlichten ersten Blick nichts. Doch wer sich in Karlsruhe auf die Suche nach einer Verbindung begibt, kann durchaus fündig werden, und zwar in der Zähringer Straße. Im Jahr 1969 eröffnete Karl Heinz Schmiedmeier nur wenige Meter neben der bekannten Diskothek „Scotchman" eine Imbissbude. Schmiedmeier war zusammen mit seinen Eltern als Kriegsflüchtling nach Karlsruhe gekommen. Bei Feinkost Schindele erlernte er den Beruf des Kaufmanns, anschließend verkaufte er als selbstständiger Unternehmer Dosenwurst und verdiente sich zusätzlich etwas Geld als Musiker in zwei Bands, die überall in der Region auftraten. Da kam die Idee zu dem Imbiss, der wegen seines einzigartigen Markenzeichens berühmt werden sollte.

Meterhoch und weithin sichtbar lockte die bunte Werbefigur hungrige Gäste: Ein Cowboy, der aus Pistolen in beiden Händen Würste herausballert, der „Ballermann", der dem Imbiss den Namen gab. Die Idee des „Ballerns" von Würsten statt blauen Bohnen kam Schmiedmeier, dem Fan von Fernsehwestern, als er den Namen des bekannten Whiskeys mit der Filmfigur Fuzzi, dem Gegenspieler von Zorro, in Verbindung brachte.

Vor, zwischen und nach den Disco- und Kneipenbesuchen und vor allem bis in die Morgenstunden wurde der „Ballermann" zu einer beliebten Anlaufstation am Rand des Rotlichtviertels. Zu Hunderten gingen Hamburger, Pommes in Papiertüten mit Ketchup und Mayo und vor allem Currywurst über die Ladentheke. Letztere hatte Schmiedmeier auf einer Reise ins Ruhrgebiet kennengelernt. Seine geschnittene Bratwurst mit scharfer roter Soße wurde legendär, vor allem in der Variante „explosiv". Schmiedmeiers Currysoße war ein intensives Geschmacks-, mitunter auch Schmerzerlebnis für Zunge und Gaumen, ja, sie war sogar in der Lage, zu viel genossenen Alkohol aus dem Körper zu brennen. „Einmal explosiv zum Nüchternwerden“ – und anschließend ging’s munter in die nächste Disco oder Spelunke, um weiter zu feiern. In den Bereich der Legende gehört jedoch die Geschichte eines Mannes, der nach dem Verzehr von achtzehn Würsten „explosiv“ ohnmächtig zusammengebrochen sein soll.

Mit der Altstadtsanierung kam das Aus in der Zähringerstraße. 1974 wurde ein neues, endgültiges Domizil in der Englerstraße direkt neben den Hauptgebäuden der Universität gefunden. Das bunte Völkchen, das sich jeden Abend und jede Nacht mit hungrigen Mägen einfand, wurde noch etwas bunter. Neben Theaterbesuchern standen leichte Mädchen und ihre „Beschützer“, Studenten neben Professoren, Disco-Gäste neben Arbeitern, die vor oder nach der Schicht eine Currywurst und ein Bierchen zu sich nahmen.

Zuletzt hieß der Imbiss „Ballermann 1“, nachdem Schmiedmeier sich einer Klage des mallorquinischen „Ballermann“-Wirts erwehren musste. Der hatte seinen Karlsruher Kollegen auf Unterlassung verklagt, weil er sich im Besitz der Urheberrechte des Namens wähnte. Falsch gedacht. Schmiedmeier präsentierte seine Konzession von 1969 und damit war klar: Der Karlsruher „Ballermann“ war der erste seiner Art. Der berühmte Bruder auf der Mittelmeerinsel ist auch nicht, wie man immer wieder hört, eine Gründung Schmiedmeiers. Aber vielleicht hat er indirekt etwas damit zu tun. Der Gastronom war in den frühen 1970er-Jahren öfter auf Mallorca, um Spielhallen zu eröffnen. Gut möglich, dass er dabei über einen Imbiss gesprochen und den markanten Namen erwähnt hat. Wir können ihn nicht mehr fragen. Karl Heinz Schmiedmeier starb 2022 mit 82 Jahren.

Dröhnende Bässe und ein kurzer Rock

Tausende fieberten dem 21. Juni 1987 entgegen. Der längste Tag des Jahres sollte zu einem besonderen Erlebnis werden. Das Open-Air-Konzert von „Tina Turner & Friends“ im Wildparkstadion wurde seit Monaten auf Plakaten überall in der Stadt angekündigt. Die Rock-Röhre aus den USA war nach zwei sehr erfolgreichen Platten auf dem Höhepunkt ihrer Karriere. Heute kann man sich nicht mehr vorstellen, dass in den 70er- bis 90er-Jahren regelmäßig die Musik von Weltstars wie „Chicago“, „Santana“, „Van Halen“ oder „AC/DC“ aus dem Oval des Stadions dröhnte. Karlsruhe war damals eine feste Größe in deren Tour-Kalender!

Fast hätte ein Rock-Großereignis, das drei Jahre zuvor stattfand, das Konzert von Tina Turner am Mittsommertag verhindert. Am 1. September 1984 erlebten 45.000 Besucher das Festival „Monsters of Rock“. So manche Fans zeigten sich nicht von ihrer besten Seite. Die Umgebung des Stadions war übersät mit Abfall, Glasscherben und anderen menschlichen Hinterlassenschaften, es gab Schlägereien und Pöbeleien gegen Passanten. Die Stadtverwaltung entschied, dass mit solchen Konzerten Schluss sein sollte. Nur eines wurde noch genehmigt, da man von einem problemloseren, friedlichen Publikum ausging: „Tina Turner & Friends“.

Das Ticket kostete im Vorverkauf 49 D-Mark, an der Abendkasse sogar 55 D-Mark. Wer das nötige Kleingeld nicht zusammen hatte, musste draußen bleiben. Und das waren viele. Doch das Draußen konnte ganz gemütlich sein, wenn man, mit Decke und Picknickkorb ausgerüstet, einen Platz auf dem Rasen des Schlossparks fand. Oder wenn man wie Lutz am Klosterweg wohnte. Der Abiturient wäre zwar gerne zum Konzert gegangen, wollte aber jeden Pfennig für den Führerschein sparen. Andererseits hatte er fast einen Logenplatz. „Einige Schulkameraden haben mir sogar Geld geboten, um bei uns im Garten sitzen zu dürfen", erzählt er lachend. Aber für die Eltern kam das nicht infrage und so genoss Lutz alleine die Musik, die fast glasklar zu hören war. Nur ab und zu wehte eine Windböe ein paar Akkorde hinweg. Natürlich gab es auch ein paar ganz Freche, die nach einem

1987 rockte Tina Turner Karlsruhe.

Loch im Stadionzaun suchten oder gar darüber klettern wollten. Die meisten wurden jedoch von Ordnern erwischt und mit Tränengas vertrieben. Und drinnen? 35.000 Rock-Fans hatten sich eingefunden. Es hätten mehr sein können, das Konzert war nicht ausverkauft. Auf den ersten 60 Metern vor der Bühne drängelte man sich dicht an dicht, was mitunter ein richtiger Kraftakt war. Weiter hinten auf der abgedeckten Fläche des Spielfelds konnte es gemütlicher zugehen, einige Pärchen hatten gar einen Sonnenschirm mitgebracht, der eine mehr symbolische Privatsphäre schaffen sollte. Dafür entging ihnen aber der hautnahe Blick auf den Star des Abends. Ein Blick, der sich lohnte. Tina Turner ging zwar auf die 50 zu, aber das war ihr nicht anzusehen. Ein Outfit, das vieles erahnen und manches sehen ließ, gepaart mit erotischen Bewegungen des schlanken Körpers und einem auffallend geschminkten Mund, der das Mikrophon lasziv umspielte: Die Queen of Rock brachte wohl einen Großteil der Herren der Schöpfung in Wallung.

Musikalisch sprang der Funken erst im zweiten Teil des Konzerts auf das Publikum über, als die Songs dem Charakter und der Atmosphäre eines Live-Auftritts entsprachen. Das hatte Joe Cocker zuvor mit seiner unübertroffenen, durch Zigaretten und Alkohol gegerbten Blues-Stimme mit Leichtigkeit erreicht und der Rock-Lady, für die er eigentlich nur das Vorprogramm sein sollte, fast die Show gestohlen.

Nach dem Konzert verließen glückliche, atemlose Menschen das Stadion und ein zufriedener Oberbürgermeister lobte das Verhalten der Fans und versprach, dies sei nun doch nicht das letzte Konzert im Stadion gewesen. Das Aus für Rock und Pop im Wildpark kam fast zwanzig Jahre später. Die empfindliche Rasenheizung konnte dem Gewicht der Massen nicht standhalten, aber das ist eine andere Geschichte.

Einmal Holzklasse bitte!

Quietschend und ratternd rollt sie um die Ecke und bremst, wobei Luft mit einem Zischen entweicht, fast wie ein erleichtertes Ausatmen. Man glaubt, ihre Dankbarkeit zu spüren, endlich eine Minute, vielleicht auch weniger, ausruhen zu dürfen. Immerhin hat die „alte Dame“ bereits einige Jahre auf dem Buckel und der Weg, den sie zurücklegen muss, ist lang. Wir schreiben das Jahr 2015 und bald wird die betagte Straßenbahn durch ein neues Modell ersetzt. Steigen Sie ein und fahren Sie zurück in die Zeit der ratternden Bahnen!

Unsere erste Station ist das Jahr 1954. Der Schaffner mit seinen vielfältigen Aufgaben war für die Fahrgäste allgegenwärtig. Zog er an einer Leine unterhalb der Wagendecke, ertönte eine Glocke, die dem Fahrer signalisierte, loszufahren. Fahrkartenautomaten waren Zukunftsmusik. Tag für Tag, Stunde um Stunde zwängte sich der Schaffner mit einem „Bauchladen“ von seinem Platz im Heck durch die oft überfüllte Bahn. Das dauerte natürlich seine Zeit, was der eine oder andere Fahrgast leicht zu seinem Vorteil ausnutzte. Wollte man zum Beispiel von der Hauptpost zum Hauptbahnhof, stieg man natürlich vorne ein und wurde vielleicht erst nach dem Karlstor kassiert. Von dort war es bis zum Hauptbahnhof eine Teilstrecke weniger. Deshalb wurden z. B. auf der Strecke von Durlach in die Innenstadt Perronschaffner eingesetzt, die vorne einstiegen und dem Hauptschaffner bis zur Mitte kassierend entgegenkamen. Am Schlachthof stiegen sie wieder aus und fuhren zum Durlacher Bahnhof zurück.

Am Marktplatz und an der Hauptpost gab es dagegen „Standschaffner“, die Fahrscheine an die Wartenden verkauften und die Fahrgäste in der Mitte der Bahn einsteigen ließen. 1954 wurde eine entscheidende Neuerung umgesetzt: Der Schaffner erhielt einen festen Platz an der hinteren Tür. Nur Fahrgäste mit einer Monatskarte durften vorne einsteigen.

Farbenblind durfte ein Schaffner übrigens nicht sein, was am System des Fahrpreises lag. Auf Netzbildfahrscheinen war das Streckensystem eingezeichnet. Wer gerade eingestiegen war, bekam auf dem Fahrschein den Ort seines Einstiegs mit einem roten (Linie 1) oder einem blauen Farbstift (bei allen anderen Linien) eingezeichnet. Am Rand wurde der Wochentag markiert und das Ganze mit einem schrägen Querstrich entwertet. Die Albtalbahn, in die man auch in Karlsruhe einsteigen konnte, benutzte einen violetten Stift.

Richtig kompliziert wurde es bei einem Fahrgast, der umsteigen musste. Statt des Querstrichs wurde am Rand der Karte die Uhrzeit angestrichen, beim Umsteigen wurde das Ticket an der oberen Kante eingerissen, bei zweimaligem Umsteigen zuerst an der rechten, dann an der oberen Kante. Am 1. April 1963, und das war kein Aprilscherz, wurde eine Punktekarte eingeführt, eine kleine Erleichterung. Neben den Netzbildern gab es nun 18 durchnummerierte Karos, die der Fahrtlänge entsprechend abgezählt wurden. Das letzte Karo wurde abgestrichen und auf dem Netzbild daneben, wie gehabt, der Einstiegspunkt markiert. Der Schaffner musste immer ein Karo weniger berechnen, als der Fahrpreis betrug.

Genug „geschaffnert“! Wir fahren weiter und halten im Jahr 1958. Vielleicht ist der Wagen, in den wir eingestiegen sind, gar jener, in dem einst Maria Schell im Führerhaus durch die Straßen fuhr? 1958 gewann die Schell mal wieder einen Bambi als beliebteste Schauspielerin. Oberbürgermeister Klotz lud den Star zu einer Fahrt ein und schenkte ihr außerdem eine Jahreskarte der Verkehrsbetriebe. Mit dabei war die Ski-Legende Toni Sailer.

Aber nein, unsere Bahn trägt vorne an den sanften Rundungen ihres Bugs einen schwarzen Berliner Bären als Emblem ihrer Herkunft. Geboren wurde die Dame in den Fabrikhallen der „Deutschen Waggon- und Maschinenfabriken“ (DWM, später „Berliner Waggon-Union“). Mit dem Emblem des Bären hat es eine eigene Bewandtnis. Die Verkehrsbetriebe hatten Ende der 50er-Jahre zehn Bahnen bestellt, aber der Bau der Berliner Mauer 1961 erschwerte deren Fertigstellung, denn die Arbeiter aus Ostberlin kamen nicht mehr in die Werkshalle. Kurzerhand schickte man Ersatz aus Karlsruhe und es entstand die Idee, die Wagen als Zeichen der Verbundenheit nach Berliner Bezirken zu nennen.

Unser nächster Halt ist das Jahr 1978, in dem die legendäre Linie 5 geboren wurde. Fuhr sie zuerst nur vom Rheinhafen zum Hauptbahnhof, wo sie zur Linie 6 wurde, wurde ihre Strecke später verändert, bis schließlich Rintheim das östliche Ziel war. Die Linie 5 war vielleicht die demokratischste aller Karlsruher Linien, im Volksmund die „Holzklasse“ genannt. Hier fuhren zeit-

genössisch moderne, in den 70er-Jahren gebaute Wagen. Auf ihren harten hölzernen Sitzen nahmen Vertreterinnen und Vertreter aller sozialer Schichten Platz – zumindest im mittleren Teil der Fahrstrecke. Im Wagen rechts Doppelbänke, links teilweise Einzelsitze, wie Perlen an der Schnur aufgereiht. Der Abstand zum Vordermann oder zur Vorderfrau war gering, das Auge erkannte Falten und Mitesser, die Nase Klassenunterschiede an Aftershave und Eau de Toilette, sie erschnupperte Knoblauch, Bier und Kurze. Ein Mikrokosmos auf stählernen Rädern.
Und alle mussten gleichermaßen den hohen, steilen Einstieg überwinden. Für die ganz Alten und die ganz Jungen im Kinderwagen nicht zu bewältigen. Mütter sahen sich hilfesuchend an den Haltestellen um und wenn kein Gentleman zur Hand war, musste der Fahrer seinen Platz verlassen und das Wägelchen hineinhieven. Spätestens jetzt war der Zeitplan hinüber, die Laune des Fahrers oft auch.
Wir haben unsere Endstelle erreicht und steigen aus. Wehmütig blicken wir auf die Wagen mit dem Bären und die weiße „5“ auf blauem Grund.

Die „Blauen"

Nein, vom lokalen Fußballclub ist in dieser Geschichte nicht die Rede, auch wenn Blau eine der Vereinsfarben ist. Gemeint sind die Ordnungshüter der Fächerstadt, eine zunächst rein männliche Truppe, die einst über Recht und Gesetz wachte. Um ihnen zu begegnen, müssen wir zurück in die 1960er-Jahre.

Zwischen Waterkant und Alpenrand herrschte damals Vielfalt in Sachen Polizeiuniformen: In Hamburg beispielsweise war sie dunkelblau, in Bayern olivgrün und in Baden-Württemberg hellgrün. Schuld daran war der Föderalismus, weswegen jedes Bundesland in Polizeiangelegenheiten eigenständig ist. So weit so gut, oder besser: so verwirrend. Doch es kommt noch verwirrender. In Baden-Württemberg gab es nämlich eine kuriose Besonderheit: In den großen Städten Karlsruhe, Mannheim und Stuttgart unterstanden die Polizeikräfte in den 1950er- und 60er-Jahren nicht dem Land, sondern der kommunalen Verwaltung. Die Stadtpolizisten unterschieden sich von ihren grünberockten Kollegen der Landespolizei durch blaue Uniformen.

Man war stolz auf die Stadtpolizei, die den Landeskollegen in nichts nachstehen sollte. 1964 erhielten sie neue Streifenwagen vom Typ VW Variant. Der Kombi bot genug Platz, sogar für die Ausrüstung der Verkehrspolizei mit Absperrkegeln. Die Kotflügel und auf beiden Seiten ein Stück der Heckflächen waren weiß, der Rest blau lackiert. Links vorne auf dem Kotflügel thronte gar ein Scheinwerfer. Jetzt konnte kein Ganove mehr im Dunkeln verschwinden.

Ein kuriosen Filmauftritt der „Blauen" sorgte Ende der 60er-Jahre für ein Schmunzeln. In dem Streifen „Sünde mit Rabatt" aus dem Jahr 1968 erscheinen die Karlsruher Polizeiuniformen im Bild. Das allein wäre natürlich nicht komisch, wäre da nicht die

Tatsache, dass dieser Film in einer sündigen Großstadt spielen soll und man dabei wohl eher an Hamburg oder Frankfurt denkt als an die ehrwürdige Fächerstadt.

Auch Ordnungshüterinnen gab es, allerdings nicht im Streifendienst, der weiblichen Polizei war der Innendienst vorbehalten. Erst 1987 wurden sie den männlichen Kollegen als Landesbeamtinnen bei den Dienstaufgaben gleichgestellt.

Von Schreibtischarbeit in stickigen Büros konnte bei Willi Mangold nicht die Rede sein. Jeden Morgen stieg er in strahlend weißer Uniform die drei Stufen zum Verkehrsregelungsturm hinauf, dessen rot-weiß gestrichene Brüstung weithin sichtbar war. Als Mangold anfing, war er einer von vielen Verkehrsposten

gewesen und wurde zunächst am Mühlburger Tor eingesetzt. Nach und nach wurden die Kreuzungen mit Ampelanlagen ausgestattet, Mangold wechselte an den Mendelssohnplatz und war schließlich der letzte Vertreter seiner Zunft. Er regelte den Verkehr mit uneingeschränkter Autorität und des Öfteren ziemlich unkonventionell, wenn er von den genormten Handzeichen abwich und seine Signale dem aktuellen Verkehrsgeschehen anpasste. Nicht jeder verstand sogleich, was der Polizist auf seinem Podest gerade meinte und so manches Mal verwechselten die Fahrerinnen und Fahrer rechts mit links und umgekehrt. Mangold hatte es auch nicht leicht: Fünf Straßen musste er im Blick haben und den nicht selten ungeduldigen Autofahrern, zumeist Männer, den Weg freigeben oder sie in die Schranken weisen. Im Volksmund wurde Mangold ehrfurchtvoll „Karajan" genannt.

Willi Mangold schimpfte gerne über Autofahrer und wenn sie es zu arg trieben, konnte man seine Flüche sogar durchs geschlossene Autofenster hören. Vor allem jene, die immer noch nicht begriffen hatten, wie man richtig nach links abbiegt, trieben den „Karajan" zur Weißglut. Zur Ehrenrettung der Verkehrsteilnehmer sei gesagt, dass links abzubiegen damals kniffliger war als heute. Man bog nämlich nicht voreinander ab, sondern hintereinander, musste also erst an dem entgegenkommenden, ebenfalls links abbiegenden Fahrzeug vorbei. Aber was, wenn da noch einer entgegenkam? Man konnte schon verzweifeln oder in der Kreuzung „verhungern".

Aber lassen wir das und wenden wir uns wieder schöneren Dingen zu. Weihnachten zum Beispiel. Das war die Zeit, in der nicht wenige Flaschen Schnaps und Wein als Geschenk um Mangolds kleine Insel herum herumstanden. Korruption? Nein, eine kleine Anerkennung für die Arbeit des Verkehrspolizisten, die mit Sicherheit nicht gesund war. Am 18. Oktober 1972 war Willi Mangolds letzter Einsatz zur Regelung des Verkehrs. Nicht etwa der Ruhestand, sondern neue Aufgaben bei der Verkehrsüberwachung warteten auf ihn.

Eine eigene Polizei zu unterhalten ist teuer. Als ein Kassensturz Ende 1971 eine hohe Pro-Kopf-Verschuldung zutage brachte, entschloss man sich, die Stadtpolizei in die Hoheit des Landes zu überführen. Ein Jahr später war Schluss mit den „Blauen" und die Uniformen wurden grün.

Verkehrspolizist im Verkehrsmuseum Karlsruhe.

Zwei starke Frauen und ein Modehaus

Melitta Büchner-Schöpf war eine außergewöhnliche Persönlichkeit. Wer ihr begegnete, war beeindruckt von der stattlichen Erscheinung. Wie nur wenige aus ihrer Generation trug sie selbst im hohen Alter ihr akkurat frisiertes Haar offen über die Schulter fallend. Die elegante Kleidung war perfekt auf ihren Typ abgestimmt. Die Chefin des Modehauses Schöpf strahlte sowohl Freundlichkeit als auch jene Konsequenz aus, die eine gute Führungskraft ausmacht.

Das Modehaus am Marktplatz war lange eines der letzten „inhabergeführten Fachgeschäfte", ein Begriff, der ein bisschen nach einer ausgestorbenen Saurierart klingt. Und irgendwie ist es das auch so, denn immer mehr alteingesessene Geschäfte finden keinen Nachfolger mehr und können überdies kaum noch den Konkurrenten im Internet Paroli bieten. Nur manche überdauern die Jahrzehnte, weil die Chefin oder der Chef mit Charisma, Kraft und vor allem unerschütterlichem Selbstvertrauen den Laden zusammenhält. Die 2021 verstorbene Melitta Büchner-Schöpf war eine solche Chefin, das Geschäft führte sie im Sinne ihres Vaters und ihres Großonkels, die beide den Vornamen Carl trugen. Ach ja, die Namen: Carl gab es in der Historie des Modehauses ebenso zweimal wie Melitta. Nummerieren wir sie der Einfachheit halber durch, ohne despektierlich sein zu wollen.

Der ältere Carl Schöpf, also Carl eins, kaufte 1899 das von Friedrich Weinbrenner erbaute Haus an der Ecke von Marktplatz und Kaiserstraße und eröffnete darin das Geschäft „Carl Schöpf Manufakturwaren". Damals belegten die Verkaufsräume nur das Erdgeschoss, während der Inhaber mit seiner Familie den ersten Stock bewohnte.

Das Ende des ehrwürdigen Hauses kam während einem der verheerenden Luftangriffe 1944, bei dem es vollständig niederbrannte.
Carl zwei, Neffe der Nummer eins, rettete gemeinsam mit seiner Gattin Melitta Teile der Schneiderei in ihre Wohnung und konnte so das Unternehmen in der Nachkriegszeit langsam wieder aufbauen. Dabei half ihnen, dass viele Kunden amerikanische Soldaten waren, die gerne in die Riefstahlstraße kamen, um ihre Uniformen reparieren oder umnähen zu lassen. Die Wahl der Schneiderei hatte etwas mit Heimweh zu tun. Melitta Schöpf besaß nämlich eine Sammlung von Wimpeln aus den USA, von Baseball- und Footballclubs, High-Schools und Universitäten. Damit dekorierte sie die Wände ihrer kleinen Werkstatt, was die GIs ihr mit Besuchen und Aufträgen dankten. Ob Tränen in den Augen der Soldaten standen, ist nicht überliefert.
Sicher aber ist, dass 1950 das Weinbrennerhaus wiedererrichtet war und das Modehaus seinen ursprünglichen Betrieb auf-

Ein Urgestein: das Modehaus Schöpf.

nahm. Bei der Einweihung sprach Oberbürgermeister Töpper die bedeutungsschweren Worte: „Der Weinbrenner im Himmel freut sich, dass das Haus wieder so aufgebaut wurde, wie er es gebaut hat.“ Auch die Mitarbeiterinnen und Kundinnen freuten sich. Letztere waren mit einem Autokorso auf die Veränderung aufmerksam gemacht worden: „Wir ziehen wieder an den Marktplatz“ stand in großen Buchstaben auf einem Transparent.

Schöpf – das war in der Nachkriegszeit mehr noch als heute eine wahre Institution in Sachen Mode. Der Name stand für die elegante, gehobene Mode von Designern wie Heinz Ostergaard oder Uli Richter, für festliche Abendgarderobe, Mode für Kommunion und Konfirmation sowie Anzüge und Kleider für die Hochzeit. Die Modetrends, die jährlich kommen und schnell wieder vergehen, suchte man in diesem Modehaus vergebens.

Die Gattin des Geschäftsführers, Melitta die erste, saß für die FDP im Karlsruher Stadtrat und kämpfte für die Gleichberechtigung der Frauen. Ein Satz von ihr hing eingerahmt im Büro der Tochter: „Die richtige Vertretung für die Frau ist und bleibt die Frau.“ Melitta Schöpf forderte bereits in den 1950er-Jahren Ganztagsschulen, damit die Mütter einen Beruf ausüben konnten. Sie wurde dafür angefeindet, die Bundesrepublik war für ein derart progressives Gedankengut noch nicht bereit und wer dachte wie Melitta Schöpf, geriet in den Verdacht kommunistischer Umtriebe.

Die kleine Melitta Nummer zwei spielte zwischen Nähmaschinen und Kleiderständern, wuchs von Anfang an mit dem Geschäft ihrer Eltern auf und wurde von den feministischen und sozialen Gedanken der Mutter im besten Sinne infiltriert. Bereits als Einjährige hatte sie einen guten Blick für Ordnung und Ordentlichkeit. Später erzählte sie, wie sie vom Vater auf dem Arm durch die Räume getragen wurde und jedes Mal, wenn sie eine

Stecknadel oder ein Stück Papier auf dem Boden fand, gerufen habe: „Da! Da!“ Diesen genauen Blick hat die „Frau Doktor“, wie sie von den Angestellten genannt wurde, behalten; ihr entging nicht die kleinste Kleinigkeit, die die exakte Ordentlichkeit störte. Bei Schöpf wurde gerne und ausführlich beraten, alle Mitarbeiterinnen hatte der Chef höchstselbst ausgebildet. Er legte auf die fachliche Kompetenz ebenso viel Wert wie auf ein gutes Betriebsklima. Letzteres dankte ihm die Belegschaft bisweilen mit einem Ständchen im Chor.

Nach dem Tod ihres Vaters 1980 übernahm Melitta die zweite die Leitung des Geschäfts, obwohl sie bereits eine eigene Karriere verfolgt hatte. Nach dem Jurastudium arbeitete sie zunächst für einen Anwalt und war schließlich im Bundeswirtschaftsministerium gelandet, wo sie als Ministerialdirigentin – ein Titel, der sehr gut zu ihrem Wesen passte – für die deutsche Industrie zuständig war.

Melitta Büchner-Schöpf übernahm die unternehmerischen Tugenden des Vaters: gute Qualität bei Produkten und Beratung. Sie setzte sein Konzept fort, das Einkaufen mit Kinder-Events, Modeschauen oder Frühstücksveranstaltungen zu einem Erlebnis zu machen. Hierbei müssen die großen Modeschauen in der Schwarzwaldhalle, zum Beispiel jene im Jahr 1979, die von Wim Thoelke moderiert wurde, unbedingt erwähnt werden. Bis zuletzt war die Grande Dame des Modehauses Schöpf geschäftlich und sozial engagiert.

KPM: Kunst, Musik und Szenekneipen

Ein Raum, mit Weißblech verkleidet, an dessen Decke sich ein Blaulicht der Polizei dreht, und eine Harley-Davidson, die bei einem bestimmten Song, der aus den Boxen dröhnt, zu knattern beginnt. Das waren nur zwei „Attraktionen", die den Besuch in der „Tangente" zu einem Erlebnis machten. 1962 eröffnete der in Mannheim geborene Karl Peter Müller die Diskothek in der Adlerstaße 62. Sie war die erste ihrer Art in der Fächerstadt und zugleich viel mehr als eine Disco: Offiziell als Club geführt, ermöglichte sie ohne Sperrzeiten das Tanzen bis ins Morgengrauen und war zugleich die erste „Szenekneipe" in Karlsruhe, in der sich Künstler, Musiker und Literaten trafen. Und über dem Lokal wohnte und arbeitete Inhaber Müller. Der Name sagt Ihnen nichts? Vielleicht aber Charlie Müller oder KPM. Unter der Abkürzung ist Karl Peter Muller – den Umlaut seines Nachnamens ließ er irgendwann weg –, bis heute in Kunstkreisen bekannt. Zur Kunst fühlte er sich berufen, weniger zur Gastronomie. Kunst hatte er in München studiert, dann seit 1956 als freiberuflicher Maler gearbeitet, erste Ausstellungen folgten in den Jahren 1958 bis 1962.

Bei der „Tangente" sollte es nicht bleiben. Zusammen mit dem Bildhauer David Lauer und dem Architekten Gernot Kramer plante er ein „Kommunikationszentrum für Musik, Literatur und Malerei", das 1968 unter dem Namen „Ubu" in der Karlstraße eröffnet wurde. Fortan gab es Konzerte mit Liedermachern wie Reinhard Mey oder Hannes Wader, Ausstellungen von Georg Baselitz, Jörg Immendorff, Lothar-Günther Buchheim und vielen anderen sowie „Literarische Kunstwochen", bei denen sich unter anderem Günter Grass, Max Frisch und Günter Wallraff die Ehre gaben.

Marianne Faithful und andere weltberühmten Musiker traten im „Krokodil“, dem Lokal von Charlie Müller, auf.

Nachdem Müller das „Ubu“ verkauft hatte, nahm er das Angebot einer Brauerei an, das altehrwürdige „Krokodil“ zu übernehmen. Das hundert Jahre alte Traditionsgasthaus war behutsam renoviert und modernisiert worden. Die alten Holzdecken und Eichenpaneele wurden, ebenso wie die Majolika-Fliesen, erhalten. Ganz im Stil der Zeit wurde auf der anderen Seite der Blick in die Küche geöffnet, indem eine gläserne Trennwand eingezogen wurde. Der gastronomische Bereich wurde neu untergliedert und es entstanden Café, Restaurant, Bar und Jazzkeller. Karl Peter Müller blieb dem Konzept einer Galerie innerhalb der Gastronomie treu und richtete sie im kleinen Saal des ersten Obergeschosses ein. Speisen und Getränke genießen und dabei Bilder betrachten – hier wurde es wieder möglich.

Das Projekt wurde ein Erfolg und die Stadt hatte erneut einen über die Grenzen hinaus bekennten Treffpunkt für Kreative aller Art, vor allem aber für Musikfreunde. Obwohl man anfangs eher auf „Kleinkunst“ im Sinne von weniger bekannten Künstlern mit originellen Gigs setzte, veranstaltete Muller dann doch Konzerte mit Größen wie Benny Waters, Marianne Faithfull, Peter Herbolzheimer, Alexis Korner, Helen Schneider, Tony Sheridan. Das Publikum stand Schlange.
1985 verließ Charlie Müller die Stadt und baute auf der anderen Rheinseite in Wörth etwas Neues auf. Im Jahr 2000 starb der Künstler.

Die Bären sind los!

Braunbären sucht man heute im Karlsruher Zoo vergebens. Früher war das anders. Bereits bei seiner Eröffnung 1865 gehören zwei „Meister Petz“ zu den Bewohnern des Tiergartens. In den 1960er-Jahren war das Männchen „Bobby“ Herr im betonlastigen und daher wenig artgerechten Gehege unterhalb des 150 Meter hohen Lauterbergs. Die Besucher schauten damals durchaus im doppelten Wortsinn von oben hinab auf Bobby und die drei Weibchen, die vor sich hindösten oder eher gelangweilt auf dem kahlen Baumtorso kletterten, der ihnen als Spielzeug hingestellt worden war. In einer solchen Atmosphäre muss sich bei jedem Lebewesen unweigerlich ein Drang nach Freiheit entwickeln. Wenn sich dann noch eine Gelegenheit ergibt, heißt es „Nichts wie raus!“
Die vier Braunbären des Karlsruher Zoos ergriffen in der Nacht zum 11. Februar 1973 oder in den frühen Morgenstunden, so genau weiß das keiner, ihre Chance. Wer von ihnen der Rä-

Versuch, einen Bären gewaltfrei zu fangen.

delsführer war, konnte die Kriminalpolizei später aus verständlichen Gründen nicht ermitteln, aber der Ablauf der Flucht ließ sich recht genau rekonstruieren. Versetzen wir uns zurück an jenen Tag.

Ein Tierpfleger hatte vermutlich am Abend vergessen, eine der Käfigtüren des Bärengeheges abzuschließen. Man kann sich gut vorstellen, wie einer der Bären neugierig mit der Schnauze daran stupst und überrascht bemerkt, dass die massive eiserne Pforte nachgibt und sich öffnen lässt. Schnell finden sich die anderen drei ein und gemeinsam stapfen sie hinaus, schnuppern hier und dort, werden vielleicht vom Geruch der Vesperreste in den Sozialraum des Zoopersonals gelockt. Auf der Suche nach Fressbaren sorgt die kleine Truppe erst einmal für ein ordentliches Durcheinander. Durch die gläserne Außentür des Raums sehen die vier die lockende Freiheit. Mit ihren massigen Körpern durchschlagen sie die beiden Flügel der Tür, wobei sich min-

destens einer der Flüchtenden verletzt. Draußen sehen sich die Ausbrecher erst einmal in Ruhe um.
Mittlerweile hat der Zoo seine Pforten geöffnet und ein erster Besucher spaziert zwischen den Anlagen. Er entdeckt die Bärentruppe mit gebührendem Abstand, macht auf dem Absatz kehrt und rennt schnurstracks zum Verwaltungsgebäude. Dort versetzt er alle in helle Aufregung. Die Polizei wird benachrichtigt. Sie muss verhindern, dass sich weitere Besucherinnen und Besucher den Tieren nähern.
Tierarzt Anton Kohm nimmt ein Betäubungsgewehr aus dem Schrank und hastet zum Lauterberg. Im Abstand von nur vier Metern schießt er die Pfeile mit dem Narkotikum auf die Tiere ab. Kohm trifft und alle vier sacken zusammen.
Was nun ansteht, scheint ungefährlich, wenn auch schweißtreibend. In einer gemeinsamen Kraftanstrengung müssen die Bären in Transportkisten gezogen und geschoben werden, mit denen sie wieder ins Gehege gebracht werden sollen. Dreimal funktioniert das gut, dann ist Bobby an der Reihe. Er ist kräftiger als die Bärendamen und wacht während der Verladeprozedur auf. Ihm gefällt die Situation ganz und gar nicht. Mit seinen Tatzen zertrümmert er die Holzwände der Kiste und beißt den stellvertretenden Zoodirektor Erich Schwall in den Oberschenkel.
Es knallt ein Schuss aus einer Polizeiwaffe durch den Frühjahrsmorgen. Bobby bricht getroffen zusammen und stirbt. Es ging nicht anders: Mit seiner Aggressivität wäre Bobby zu einem Problembären geworden, auch wenn es das Wort zu jener Zeit noch nicht gab. Darüber, welcher der anwesenden Polizisten – infrage kommen Rolf Moos und Christian Jakober – den Bären erlegt hat, gibt es unterschiedliche Auffassungen, was aber für den aus menschlicher Sicht glücklichen Ausgang der Geschichte wenig relevant ist.

Erinnerungen eines Dienstwagens

Darf ich mich vorstellen? Ich wurde 1968 in Sindelfingen als Mitglied der großen Mercedes-Benz-Familie geboren. Man gab mir den Namen 280S. In Karlsruhe fand ich einen Job als Dienstwagen des Oberbürgermeisters Günther Klotz. Den kennen Sie, nicht wahr? Er wurde ja schon an manch einer Stelle in diesem Buch erwähnt. Wie kein anderer hat er die 1950er- und '60er-Jahre in Karlsruhe geprägt. Lassen Sie mich zuerst Ihre Kenntnisse zur Lebensgeschichte des Oberbürgermeisters ein bisschen auffrischen.
Günther Klotz wurde 1911 als Sohn eines Oberinspektors der städtischen Straßenbahn in Freiburg geboren. Nach einer Lehre als Zementeur studierte er an der Badischen Höheren Technischen Lehranstalt in Karlsruhe, einem Vorläufer der Universität. Anschließend wurde Günther Klotz Bauingenieur beim Tiefbauamt der Fächerstadt. Als die Nationalsozialisten von den Angestellten verlangten, in die Partei einzutreten, wechselte Klotz zur Baufirma Max Jordan, für die er bis 1942 Straßen und Flugplätze in Österreich baute. Anschließend – und das war nicht unproblematisch – für die Organisation Todt in Frankreich und Italien. Das war nämlich eine paramilitärische Truppe, die dem Reichministerium für Bewaffnung und Munition unterstand.
1948 kam Günther Klotz für die SPD in den Gemeinderat und 1952 wurde er erstmals Oberbürgermeister. Und er packte dort an, wo er sich am besten auskannte: Bauen. Überall wurde nun gebaut. Im Norden entstand die Waldstadt, die Altstadt wurde umfangreich saniert, die Kriegsstraße ausgebaut. Und so weiter und so fort.
Mein Chef und Fahrgast war für seine Schlagfertigkeit und seinen Witz bekannt und wohl nicht selten gefürchtet. Ich erlaube mir, ihn Günther zu nennen. Er würde sicher nichts dagegen ha-

ben. Als nämlich einmal ein Stadtrat den Antrag stellte, auf Titel und Amtsbezeichnung an den Bürotüren zu verzichten, meinte der OB: „Bei mir können Sie an die Tür schreiben ‚Günther Klotz', das weiß jeder (...) es reicht sogar ‚Günther', (...) dagegen habe ich auch nichts." Und er fügte er hinzu, dass ein Bürger gerne wissen wolle, welche Tätigkeit ein gewissen „Maier" oder „Müller" ausübe, denn man wolle ja zum richtigen Vertreter des Namens. Das Gelächter hatte er auf seiner Seite.
Auch der baden-württembergische Ministerpräsident blieb nicht verschont. Am 22. Mai 1970 kam er zum ersten Spatenstich des neuen Staatstheaters nach Karlsruhe. Es regnete. Ich stand nicht weit weg von der Zeremonie und hörte, wie Günther zu Hans Filbinger sagte: „Eines muss ich Ihnen schon sagen, Herr Ministerpräsident, solange wir Landeshauptstadt waren, hat es im Mai bei solchen Festlichkeiten nie geregnet."
Viele Episoden zum Schmunzeln geschahen vor meiner Zeit, doch so manches erfuhr ich, wenn Klotz nicht alleine in meinem Fond saß und die Herren alte Geschichten austauschten. So

Ab und an wird der alte Wagen ausgefahren und darf Wind und Sonne genießen.

wie jene von der wirksamen Schnakenbekämpfung, die von der CDU im Gemeinderat auf die Tagesordnung gebracht worden war. Günther erinnerte die Damen und Herren daran, dass im Vergleich zu früheren Jahrzehnen inzwischen große Erfolge erzielt worden waren. Nachdem Schilder mit dem Hinweis „Das Einfliegen von Schnaken ist verboten“ keine Wirkung erzielt hätten, gehe man nun mit Schwingfeuergeräten gegen die Tierchen vor, die aus Frankreich oder der Pfalz herüberkämen, um sich auf Karlsruher Gemarkung zu sättigen.
Selbst vor Schlüpfrigem hatte Günther keine Scheu. Nachdem der Stadtkämmerer die Entlastung des OB für die Jahre 1957–1959 beantragt hatte, ergänzte Günther, er bitte in eigener Sache, dem Antrag zu entsprechen, sonst müsse er „noch für einige Jahre abends unentlastet ins Bett gehen“.
Bei aller Sympathie für seine Späße wurde Günther oft vorgeworfen, dass sein Führungsstil autokratisch sei. Manche nannten ihn auch den „letzten badischen Großherzog“. Dem entgegnete er mit dem Credo, Demokratie brauche Muskeln. Aber die SPD wollte gegen Ende der 1960er-Jahre „mehr Demokratie wagen“ und der hemdsärmelige OB passte da nicht mehr so richtig ins Bild. Es gab mehr und mehr Kritik von den Parteifreunden, die meinten, sein politisches Auftreten sei antiquiert. Als der Stadtrat keine zweite Bundesgartenschau wollte, hatte Günther keine Lust mehr und kandidierte 1970 nicht mehr für eine neue Amtszeit.
Heute stehe ich zwischen den Kolleginnen und Kollegen im Verkehrsmuseum in der Werderstraße und warte, bis mal wieder jemand vorbeikommt, um mich zu bewundern. Manchmal darf ich raus, damit meine alten Gelenke, Schrauben und Räder nicht einrosten. Ich staune, wie sehr sich die Stadt verändert hat, und frage mich oft, was Günther dazu gesagt hätte.

Weitere Bücher aus Ihrer Stadt

Karlsruhe – Gestern/Heute
Ludger Syré, Sebastian Faber (Fotograf)
72 Seiten,
zahlr. Farb- u. S/W-Fotos
ISBN 978-3-8313-3381-3

Unsere Glücksmomente
Geschichten aus Karlsruhe
Wolfgang Wegner
80 Seiten
ISBN 978-3-8313-3327-1

Dunkle Geschichten aus Karlsruhe
SCHÖN & SCHAURIG
Wolfgang Wegner
80 Seiten,
S/W-Fotos
ISBN 978-3-8313-2890-1

Aufgewachsen in Karlsruhe
in den 40er und 50er Jahren
Wolfgang Wegner
64 Seiten,
zahlr. Farb- und S/W-Fotos
ISBN 978-3-8313-2036-3

Wartberg-Verlag GmbH
Im Wiesental 1 34281 Gudensberg
www.wartberg-verlag.de
Bücher für Deutschlands Städte und Regione
Tel. 0 56 03 - 93 05 0
Fax. 0 56 03 - 93 05 28